综合交通学术前沿丛书

中国国家铁路集团有限公司课题（项目批准号：K2019X007）

中央高校基本科研业务费专项（项目批准号：2022JBQY005）

国家自然科学基金项目（项目批准号：71971024）资助出版

空铁联运接续方案优化理论与方法

Theory and Method of Connection Plan for Air and High Speed Railway Integration Services

可钰　聂磊　著

北京交通大学出版社

·北京·

内容简介

本书以构建现代化高质量国家综合立体交通网为背景，为促进航空与高速铁路之间的协调发展、提高接续效率，提出空铁联运接续方案的优化理论与方法。本书主要内容包括空铁联运换乘枢纽选择方法、列车与航班时刻表接续方案优化模型，以及基于动车组交路计划的空铁联运接续方案优化模型。本书入选综合交通中青年科研领军人才高水平学术文库。

本书可供对综合交通、空铁联运感兴趣的科研人员、高校教师、研究生、高年级本科生及交通运输从业人员参考。

版权所有，侵权必究。

图书在版编目（CIP）数据

空铁联运接续方案优化理论与方法 / 可钰，聂磊著. —北京：北京交通大学出版社，2023.6

ISBN 978－7－5121－4928－1

Ⅰ.①空… Ⅱ.①可… ②聂… Ⅲ.①航空运输-多式联运-方案-研究 Ⅳ.①F511.4

中国国家版本馆 CIP 数据核字（2023）第 052357 号

空铁联运接续方案优化理论与方法
KONG-TIE LIANYUN JIEXU FANG'AN YOUHUA LILUN YU FANGFA

策划编辑：刘 辉 责任编辑：郭东青
出版发行：北京交通大学出版社 电话：010-51686414 http：//www.bjtup.com.cn
地 址：北京市海淀区高梁桥斜街 44 号 邮编：100044
印 刷 者：北京虎彩文化传播有限公司
经 销：全国新华书店
开 本：170 mm×235 mm 印张：9.375 字数：163 千字
版 印 次：2023 年 6 月第 1 版 2023 年 6 月第 1 次印刷
定 价：66.00 元

本书如有质量问题，请向北京交通大学出版社质监组反映。
投诉电话：010-51686043，51686008；传真：010-62225406；E-mail：press@bjtu.edu.cn。

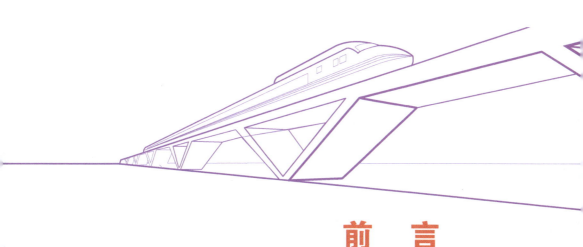

前　言

　　空铁联运作为综合运输的重要发展方向，能够有效实现高铁与民航的立体互联，统筹协调二者融合发展，提高中长距离旅客出行全链条的便捷程度，为旅客提供更多的出行选择。目前，我国高铁、民航发展迅速，给空铁联运的发展提供了极好的机会，但实际上我国空铁联运仅有一些小范围、小规模的试点产品，仍处于初级阶段。现有的联运产品，铁路和航空的运输组织规划基本为独立设计，未充分考虑两种运输方式之间的接续关系，缺乏支撑空铁联运接续方案优化设计的理论与方法。本书基于系统优化的思想，在充分考虑高铁和航空运输组织特点的基础上，提出以高效接续为目标的空铁联运产品编制流程，重点针对接续方案提出科学的定量优化方法。

　　全书共分为 7 章，第 1 章为引言，第 2 章对空铁联运产品与接续方案编制流程展开定性分析，第 3 章研究了面向客流 OD 的空铁联运换乘枢纽选择方法，第 4 章对基于空铁联运的列车与航班时刻表接续方案优化模型进行详细说明，第 5 章对基于动车组交路计划的空铁联运接续方案优化模型进行着重研究，第 6 章以京广运输通道及部分关联通道为研究背景，为不同类型的客流 OD 选择合适的换乘枢纽，并优化设计空铁联运接续方案，第 7 章为结论与研究展望。全书由可钰和聂磊共同撰写，由可钰统稿。

　　在本书的写作过程中，我们参考了大量的国内外文献资料，在此对这些资料的作者表示由衷感谢。

　　本书的出版得到了中国国家铁路集团有限公司课题（项目批准号：K2019X007）、中央高校基本科研业务费专项（项目批准号：2022JBQY005）、国家自然科学基金项目（项目批准号：71971024）资助，在此表示衷心感谢。

　　受著者能力和精力所限，本书难免存在错误和纰漏之处，恳请广大专家和同行批评指正。

著 者

2023 年 4 月

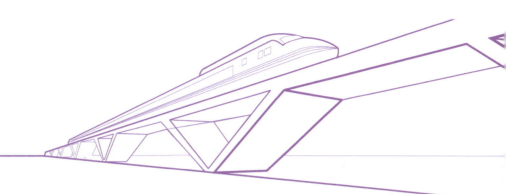

目　录

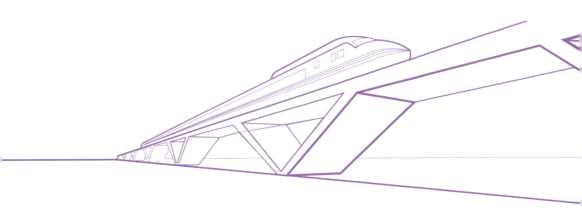

1 引 言

1.1 研究背景和研究意义

改革开放后特别是党的十八大以来，我国高铁和民航得到了快速的发展。基础设施网络布局不断完善，运输服务能力和服务水平逐渐提高。截至 2022 年，全国高速铁路运营里程突破 4 万 km，稳居世界第一位，高铁站超过 1 800 个。预计到 2025 年，全国高铁运营里程为 5 万 km 左右。截至 2022 年，境内民用运输机场超过 250 个，境内实际出港航班总量为 248.81 万架次，出港总运力为 42 105.39 万人，境内出港航线为 5 993 条。预计到"十四五"后期，我国民用运输机场数量将达到 270 个。

作为一种新型的旅客出行方式，空铁旅客联程联运能够充分发挥高铁和航空的技术特点，取长补短、实现双赢。首先，空铁联运能够提高旅客出行的通达性、扩大机场和铁路车站的服务范围。高铁凭借快速性在短途运输市场具有决定性的优势（比如在 600 km 以下或者 1 h 以内的航空运距）；随着距离的增加，航空服务在较长路线上更具竞争力。目前我国机场数量远少于高铁车站数量，这意味着航空在其路网的可达性和通达性方面低于高铁。而空铁联运则能够有效融合航空网和高铁网，提高机场服务范围，延长飞机的

运输距离，为旅客提供更多耗时短、服务水平高的中长运距出行选择。其次，空铁联运可以满足旅客个性化、多样性的需求。目前国内客流需求稳步增长，旅客对出行过程提出了更高的要求。空铁联运可以从快速性、方便性、舒适性等各个层面提供不同水平的服务，满足不同类型旅客的需求。同时，空铁联运能够缓解大型机场能力不足的情况。当部分机场容量饱和，无法通过增加额外航班航线满足旅客出行需求时，邻近城市的机场能够通过高铁与之有效衔接，让旅客跨城出发，从而达到分流解压的目的。此外，空铁联运在一定程度上可以节能减排，高铁作为载客率较高的运输方式，能够替代航空的短途支线，减少机场排放，从而实现节能环保。因此，有必要促进高铁与民航的协同融合，提高空铁联运的服务水平，推进空铁联运服务的发展，为完善综合交通体系提供有力支撑。

因为空铁联运的诸多优势，近年来，我国已自上而下地推出多种促进空铁联运发展的政策。比如，在国家层面，2021 年国务院印发的《国家综合立体交通网规划纲要》明确指出推进各种运输方式统筹融合发展，实现多种运输方式相互协同、深度融合[1]；在部委层面，2021 年交通运输部印发的《综合运输服务"十四五"发展规划》明确指出加快旅客联程运输发展，推广"出行即服务"理念，发展基于智能终端的"一站式"出行服务。积极发展空铁、公铁、公空、公水、空水等模式[2]；在地方层面，2021 年上海市人民政府印发的《上海市综合交通发展"十四五"规划》要求持续完善以"枢纽型、功能性、网络化、智能化、绿色化"为特征的超大城市综合交通体系，全力提升"海、陆、空"全方位融合的综合立体交通体系，提高交通运输协调整合能力[3]。

虽然我国已经开始从不同层面上推进空铁联运，但是其整体水平仍处于发展阶段，缺乏联运产品的编制流程指导，接续方案作为空铁联运产品设计中的关键环节，更加亟待研究。空铁联运接续方案明确了列车与航班的接续关系，是将高铁网与航空网耦合在一起的关键计划设计。而目前我国空铁联运产品中铁路和航空的运输组织规划基本为独立设计，尽管其管理体制规范和运营组织过程相对成熟，但并没有考虑列车与航班的接续关系，不完全适用于空铁联运，不能生搬硬套。不论是运营基础条件（路网拓扑结构、时空需求分布、运输组织规划等），还是研究目标（多层次、多目标、多元化等），联运产品设计的优化方法和目标环境都独具特点。一方面，单一运输方式的组织规划理论仅仅适用于系统内部环节的设计，比如铁路公司注重列车的稳定性、能力利用、运输效率，航空公司更加侧重战术性商业决策，如动态定价等收益管理，而空铁联运产品设计则需要考虑接续地点、接续节点、接续时间等；另一方面，空铁联运客流的特殊性对全程出行效用提出更高的个性化需求，铁路或航空的服务产品可能难以满足实际联运旅客的需要。比如，如何为没有直达航班或者高铁的客流 OD 提供效用最高的换乘点，如何在设计列车和航班接续方案的过程中考虑不同类型旅客对换乘时间的偏好。

鉴于空铁联运产品中高铁和航空的耦合关系，本书从系统优化的角度出发，首次针对空铁联运接续方案提出具体的研究方法，包括空铁联运换乘枢纽选择、列车与航班时刻表的时间接续方案，以及空铁联运接续方案与动车组交路协同优化。在理论意义方面，以往研究更多地从宏观的角度探讨铁路与航空的合作潜能，缺少对以高效接续为主的空铁联运产品设计定量方法的研究，本书从两种运输方式的网络耦合关系及对有限资源配置的角度，完善了空铁联运产品设计架构，为接续方案提供了精细化的定量研究方法。在现实意义方面，空铁联运作为综合交通运输体系的重要环节，可以满足实际生活中旅客多样化的出行需求，适应经济社会的发展要求。本书提出的空铁联运接续方案优化设计理论与方法可以有效发挥高铁和民航的比较优势和组合效率，有助于二者衔接高效一体化、联运服务提质升级，对空铁联运的运营管理具有一定的指导意义。

1.2　研究内容

1.2.1　研究具体内容

在构建现代化高质量国家综合立体交通网的背景下，促进航空与高铁之间的协调发展、提高接续效率成为必然趋势，本书基于国内外的理论研究和实际需求，针对空铁联运接续方案中的关键环节提出了优化设计方法。本书主要内容安排如下。

第 1 章：引言。主要阐述空铁联运发展现状，总结目前国内外的研究成果，

提出要研究的具体内容、意义和技术路线。

第2章：空铁联运产品与接续方案编制流程。本章明确了空铁联运产品的基本范围和层次，提出了空铁联运接续方案的定义和要素。结合目前的基础设施设备，介绍了国内外具体空铁联运产品的服务内容和特点。重点分析了当前我国空铁联运产品的特点及面临的挑战，在说明高铁和航空的运输组织背景后，提出了以高效接续为目标的空铁联运产品精细化编制流程。

第3章：空铁联运换乘枢纽选择方法研究。首先从宏观、中观和微观角度分析旅客出行行为的影响因素，并说明换乘枢纽与这些因素之间的联系。其次对空铁联运进行分类，采用实际的客流数据基于 Logit 模型定量描述出行效用与出行行为因素之间的关系。最后确定不同类型客流 OD 的空铁联运出行行为因素取值方法。

第4章：基于空铁联运的列车与航班时刻表接续方案优化模型。针对第3章选出的换乘枢纽，对高铁和航空的时刻资源进行匹配优化，提高空铁联运的服务水平。总结了空铁联运中时间接续方案的编制特点，并提出 5 个优化指标，分别建立两个对旅客客流数据适应性不同的模型。最后，提出基于 CPLEX 的分层求解方法。

第5章：基于动车组交路计划的空铁联运接续方案优化模型。针对第3章选出的换乘枢纽，探索动车组数量有限条件下的空铁联运接续数量。基于时间-空间-状态网络，在给定动车组数量的前提下，以最大化空铁联运接续数量为目标，构建列车时刻表与动车组交路一体化优化模型。最后设计基于拉格朗日松弛技术的算法进行模型求解。

第6章：空铁联运接续方案综合案例优化设计。以京广运输通道及沿线重要通道为案例，为不同类型客流 OD 选择合适的空铁联运换乘枢纽，设计列车与航班时刻表的接续方案，以及列车时刻表与动车组交路计划的联合优化方案，并开展一系列敏感度分析。

第7章：结论。总结全书研究工作，提出未来研究展望。

1.2.2　技术路线

本书的技术路线如图 1-1 所示。

技术路线　　　　　　　　　　　　　　　　　　关键技术

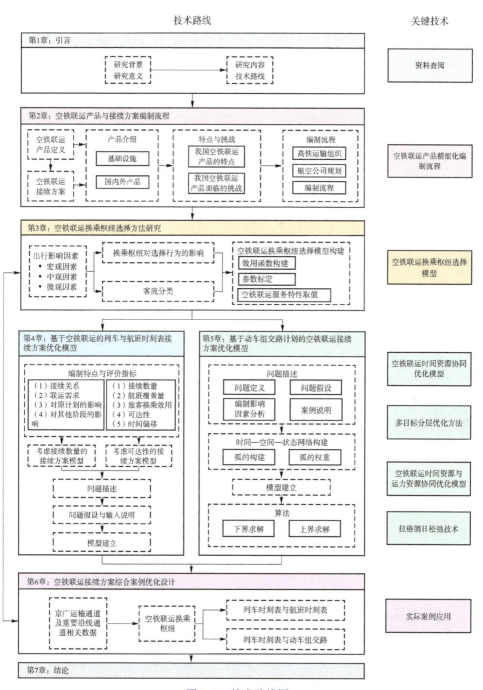

图 1-1　技术路线图

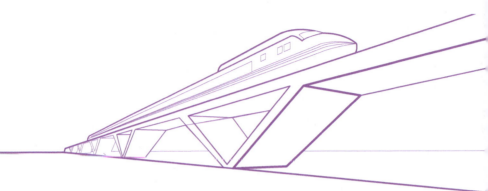

2　空铁联运产品与接续方案编制流程

　　空铁联运产品编制流程是产品优化设计的基础。本章基于传统的高铁运输组织和航空公司规划，确定空铁联运产品的基本含义，进一步明确空铁联运接续方案的定义与要素。通过介绍空铁联运的基础设施设备及当前国内外联运产品的现状，重点分析总结当前我国空铁联运产品的特点及面临的挑战，并提出一套以高效接续为目标的完整空铁联运产品编制流程，为后续章节的接续方案定量化设计提供理论指导。

2.1　空铁联运产品与接续方案

2.1.1　空铁联运研究现状

　　目前，国内外有丰富的文献侧重于空铁联运的竞争合作关系研究。部分文献从事前分析（ex-ante analysis）的角度针对特定航线分析高铁进入市场后会产生的影响[4-6]，也有文献从事后分析（ex-post analysis）的角度回顾市场行为[7-8]。在某些情况下，部分文献旨在预测各种政策情景下的市场或福利结果[9-12]。比如，Socorro和 Viecens[9]针对机场具备能力约束和无能力约束两种情况，通过理论模型分析了空铁联运的社会影响和环境影响，为决策者提供意见以评估空铁联运在不同假设场景中的潜在影响。类似地，Jiang 和 Zhang[10] 针对机场能力受限条件下，分析轴辐网络中空铁联运产生的影响，文章发现不管机场能力是否受限，只要高铁和航空重叠市场的运输方式可替代性低，空铁联运就会提升社会福利。对于另一些情况，部分文献基于历史数据分析航空和高铁的合作情况[13-16]。比如，Givoni[13] 以希斯罗机场为研究背景，探讨了航空和高铁合作所带来的潜在收益是否比竞争的情况多。Clewlow 等[15] 针对美国机场拥堵的情况，研究铁路如何作为短途支线服务为长途航空服务提供支持，并从四个角度研究了航空和高铁的连通性。Li 等[16] 基于现存的空铁联运服务水平，实证分析并研究合作关系，结果发现高铁车站是否位于机场内是影响空铁联运合作关系的主要因素。

需求分析方面，目前的研究主要集中于客流预测与旅客选择行为。Li 和 Sheng[17] 以京广通道中 4 对 OD 为背景，基于 Logit 模型分析了空铁联运旅客的选择行为并预测了市场分担率。文章进行了敏感度分析，发现旅行时间是影响空铁联运分担率最重要的因素。Román 等[18] 以马德里巴哈拉斯机场为研究背景，分析了空铁联运的服务特性；通过调查问卷，分析了旅客对这些特性的偏好。结果表明，接续时间是影响空铁联运成功与否的重要因素。Chiambaretto 等[19] 通过联合分析研究了旅客对空铁联运服务水平的支付意愿，认为联运产品总效用为局部效用的总和，结果发现在保证航班无延误的情况下，旅客可接受的换乘时间为 1 h 30 min，并研究了商务旅客和休闲旅客在寻求联运服务方面态度的差异。Haar 和 Theissing[20] 对现代多式联运交通网络上的动态客运量进行建模预测，引入了随机混合自动机模型并设计算法。Jiang 等[21] 基于 RP 数据具体分析了空铁联运乘客的地面出行行为，并确定了在航空和铁路服务未被整合的培育阶段的关键影响因素。结果发现旅客在做出决策时会更多地考虑地面出行时间，且旅客更倾向的换乘时间为 2.26~3.36 h，而非航空公司建议的 1.5 h。

面向空铁联运的服务设计研究较为丰富。其中，定性分析主要集中于目前空铁联运的服务现状与发展建议，比如，冯宁默[22] 分析了空铁联运对石家庄正定机场的影响和对区域发展的带动。樊桦和刘昭然[23] 就当前的空铁联运发展现状，从客流需求、机制体制等方面总结了所面临的问题，并提出相应的建议。类似地，龚露阳[24] 和黄璇[25] 等对空铁联运的服务模式提出了发展思路。定量研究则涉及不同优化设计的内容。路网设计方面，Okumura 和 Tsukai[26] 以东京羽田机场为背景，以消费者剩余最大为目标，找出了高铁运营能力配置与高铁网络空间配置的最佳组合。Allard[27] 等基于欧洲西南部伊比利亚半岛的一个案例，通过从运营商和旅客两个方面的联运成本（包括时间成本、服务收益和负成本），提出一个可以用于定量分析空铁联运网络的模型。徐凤等[28] 借鉴 P-枢纽中位问题的研究方法设计了中国 14 个城市的空铁联运网络。杨年等[29] 针对枢纽机场运营能力

短缺问题，提出了空铁联运网络设计并对国内容量进行重新分配。戴福青等[30]基于超级网络理论构建空铁联合超级路网，研究了城市之间的交通流分布问题。联运票务方面，任鹏[31]探讨了空铁联运系统的基本模式及实施的关键技术并提出完善的空铁联运客票系统实施框架。张婧等[32]针对高铁和航空共存的客运枢纽网络，考虑枢纽机场容量，建立了求解多模式枢纽网络中高铁和航空最优票价问题的双层规划模型。行李联运方面，华夏[33]以旅客时间价值为桥梁，将空铁联运中民航运输与铁路运输结合起来，建立了基于旅客时间价值的定价模型。联运行李方面，郁敏[34]借助质量管理的过程识别方法，对空铁联运托运行李处理进行分析，并对长三角空铁联运托运行李处理模式进行设计。

近年来，随着综合立体交通的快速发展，空铁联运逐渐成为研究热点，但目前尚没有形成一套以高效接续为目标的空铁联运产品完整编制流程。既有研究考虑产品设计的完整度不够，主要针对单个环节进行散点式优化，没有实现从战略层的空铁联运客流预测与路网枢纽规划、策略层的时间空间接续方案、操作层的实时运营调整到反馈调整的完整优化过程，缺乏联运产品设计的整体优化指导。

2.1.2 空铁联运产品

空铁联运产品是指在旅客利用铁路运输装备、航空运输装备及换乘设备设施实现位移的整个过程中，所能感知的运输及服务属性的总和。从旅客运输产品的角度，空铁联运产品包括三个层次：核心产品、延伸产品和附加产品[152]。

（1）核心产品。核心产品是指满足旅客从始发地到目的地的位移需求的服务。核心产品构成要素包括起讫点（客流 OD），换乘枢纽，搭乘的列车与航班等要素。这个层次是空铁联运最重要的基础产品，是旅客出行的必要条件。没有核心产品，旅客无法完成完整的出行。同时，核心产品也包括与位移相关的因素，如出行时间、换乘时间等。对于联运运营者，核心产品是服务水平设计与运输计划（如列车时刻表和航班时刻表）的优化设计。

（2）延伸产品。延伸产品是指空铁联运将产品提供给市场的一种形象载体。对旅客，是指联运票的形式和种类，比如，联程票（一张通票）、普通票（旅客自主购买两张票）、折扣票等；对联运运营者，是指客票销售管理，包括航班和列车的席位控制、票额预分和差异化定价。不同的客票销售策略影响着企业效益和旅客购票行为，需要结合运营成本和旅客需求确定客票销售决策。

（3）附加产品。附加产品是指在旅客出行全过程（包括空铁联运产品查询、购票、候车/候机、换乘、在列车/飞机上等）中提供的延伸服务，如一站式购票、异地值机、行李托运、里程积分、自助退改签、免费摆渡车、产品失效保障等。附加产品是运营者为提高旅客出行效用推出的产品，也是增强运输方式竞争力的有效手段。

2.1.3　空铁联运接续方案

空铁联运接续方案是空铁联运核心产品层次中的关键要素。与单一运输方式相比，旅客在实现空铁联运的位移过程中，还受到列车、航班之间接续的影响，比如接续地点、接续时间、换乘枢纽接驳条件、列车与航班的组合搭配等要素。空铁联运接续方案是从空间和时间来确定列车和航班接续关系的运输组织环节。

空铁联运接续方案与列车开行方案和班次规划、列车和航班时刻表、动车组运用计划和机队编排相关。列车开行方案和班次规划为空铁联运提供空间接续的基础要素，列车和航班时刻表为空铁联运提供时间接续的基础要素，动车组运用计划与机队编排从运力资源的角度保障接续方案的可行性。考虑到空铁联运接续方案的编制过程与生成需求，给出空铁联运接续方案的具体定义及相关要素。

空铁联运接续方案是指在高铁和航空路网条件、换乘设施设备、运输组织模式下，通过优化设计列车与航班的时空接续关系，实现空铁联运旅客在各个环节中顺畅出行的换乘组织方案。空铁联运接续方案的构成要素包括接续地点、接续节点、接续时间、接续数量、列车与航班接续组合五个要素。接续地点指具备换乘条件、适合空铁联运开展的换乘枢纽；接续节点指空铁联运可以覆盖到的客流起讫点；接续时间指不同运输方式在换乘枢纽的到发时间差；接续数量指满足接续时间的有效接续数量；列车与航班接续组合指构成旅客完整出行的列车与航班组合搭配，也包括出行方式顺序的组合，如高铁转航空（简称"铁转空"）和航空转高铁（简称"空转铁"）。接续地点的选择与空铁联运换乘枢纽布局规划过程有关，接续节点由列车开行方案和班次规划决定，接续时间、接续数量、列车与航班接续是受到列车和航班时刻表的共同影响。需要说明的是，在设计空铁联运接续方案时，应该尽量基于历史既有计划进行调整，而非重新编制运行计划，即在铁路和航空公司管理部门双方都可接受的调整范围内优化设计接续方案。

2.2　空铁联运产品介绍

2.2.1　空铁联运基础设施

铁路网和航空路网是空铁联运产品的物理保障，而铁路网与机场的连接方式

对空铁联运的服务质量有着重要影响。根据服务范围，空铁联运中的铁路分类如表 2-1 所示。在服务范围较小的层面，接入机场的铁路服务范围为城市。铁路专用线和地铁连接了机场与城市中心和市郊。通常这些线路提供快速和频繁的服务，联运旅客不用担心因为列车少而无法按时到达机场的情况，如英国的希斯罗机场、瑞典的阿兰达机场、北京首都机场等实例。在服务范围较大的层面，接入机场的铁路服务范围为区域乃至全国。其中一种是普速铁路线路，但这种线路速度较低，比如瑞士苏黎世的 InteRegio and Intercity 线路服务。另一种是高速铁路，服务范围大。在这些线路中，大型机场能够提供充足的客流，因而也是线路中的重要停站。德国的法兰克福机场和中国的上海虹桥机场就是典型例子。同时也存在中小型机场与高铁线路相连，这些机场的服务频率与前一种相比较低，因此更加需要高铁与航班时刻表之间的相互协调配合，典型的例子就是位于京广高铁的石家庄正定机场。

表 2-1 空铁联运中的铁路分类

服务范围	铁路类型	示例
城市	地铁	<li>皮卡迪利线（英国）</li><li>北京首都机场线（中国）</li><li>天津滨海机场线（中国）</li>
	机场专线/城际铁路	<li>希斯罗机场专线（英国）</li><li>阿兰达机场专线（瑞典）</li><li>港铁机场快线（中国）</li><li>中川城际铁路（中国）</li>
区域路网	普速线路	<li>InteRegio 区际列车线路（瑞士）</li>
	城际铁路	<li>新郑机场城际快线（中国）</li>
	高速铁路	<li>法兰克福机场线路（德国）</li><li>戴高乐机场线路（法国）</li><li>上海虹桥机场线路（中国）</li><li>石家庄正定机场线路（中国）</li>

高速铁路具备服务范围广、速度快、准时准点、安全舒适、输送能力大的特点，能够吸引沿线客流，且部分机场能够直接连入高铁系统，即存在包括机场和高铁站在内的综合枢纽，因此更加适合空铁联运的发展。所以，本书的研究对象为航空与高速铁路的旅客联程运输。

2.2.2 国内外部分空铁联运产品

2.2.2.1 国外空铁联运产品

国外部分国家的铁路网络和航空网络形成较早，具备较为完善的运输设备设施，为空铁联运的发展提供了基础条件，因此这些国家的空铁联运服务起步更早，其产品内容丰富。

德国目前具有近 40 个商用机场，约三分之一的机场直接连入铁路系统。铁路车站超过 5 600 个，密集的路网和大量的车站对机场具有很大的吸引力。法兰克福机场、杜塞尔多夫机场、科隆波恩机场和莱比锡机场等具备长距离铁路线路。其中法兰克福机场是德国第一个引入铁路系统的机场。基于这样的基础设施条件，德国提供了丰富的空铁联运服务或产品，其中 Rail&Fly 和 AIRail 是典型的代表。Rail&Fly 是一项空铁联运票务服务。在 1992 年，它由部分航空公司和 4 个旅游运营商联合推出。这项服务被德国旅客、航空公司和旅行商高度认可。仅在 2007 年，便有 83 家航空公司和 42 家旅行团经营者向旅客提供该票务服务。对于乘客来说，该票务服务的优势在于它适用于从德国任何车站到机场的任何列车。AIRail 最早是由德国联邦铁路公司（Deutsche Bahn）、汉莎航空公司和法兰克福机场联合推出的，曾经被认为是德国旅客所能获得的最先进的空铁联运产品。2001 年该产品增加法兰克福机场至斯图加特线路，2003 年增加法兰克福机场至科隆线路。购买 AIRail 套票，在选择希望搭乘的航班后，旅客可以按照需求选择列车，包括 IC/EC（城际火车、欧洲城际列车）及 ICE（城际特快专列）。该产品提供联程票服务和行李托运服务，旅客可以在科隆或斯图加特车站的汉莎航空的登记柜台直接托运行李直至最终目的地。当然，AIRail 服务产品不仅仅局限于汉莎航空公司，另有 27 家航空公司也与汉莎航空公司达成协议推出该产品以满足至法兰克福机场的需求，这些航空公司不限于星空联盟。AIRail 服务产品对于这些航空公司来说是有利的，因为它们不需要在火车站提供自己的值机代理，也不需要建立与联邦铁路公司的预订和库存系统接口，因为汉莎航空公司已经实现这些功能。

法国铁路运营公司（SNCF）和法国航空公司基于巴黎戴高乐机场和巴黎奥利机场联合推出 Air&Rail 空铁联运产品。旅客从巴黎戴高乐机场出发，可以从 18 个车站搭乘列车前往该机场；从巴黎奥利机场前往西印度群岛、印度洋或纽

约肯尼迪机场，可先从 15 个车站搭乘列车前往马西火车站，再乘坐法航提供的免费出租车前往巴黎奥利机场。旅客还可以享受其他附加产品服务，比如整个旅行中旅客购票时只要预订一次，如果出现任何延误，则可以免费搭乘下一班航班或火车；购买联运票，可以获得铁路里程积分；如果乘坐的是法航商务舱，则高铁也提供一等舱服务。SNCF 也与其他航空公司提供 TGV AIR 服务，这些航空公司包括大溪地航空公司、澳大利亚航空公司、加勒比航空公司、塔希提岛航空公司、国泰航空公司、阿曼航空公司、卡塔尔航空公司等。以大溪地航空公司为例，该空铁联运产品通过高速铁路（TGV）将巴黎戴高乐机场和 18 个法国城市及布鲁塞尔连通。旅客到达巴黎戴高乐机场后，需要提前 30 min 到达 TGV AIR 柜台，领取火车票。另外，该产品提供行李"门到门"的付费服务，即旅客的行李可以从机场或家中直接送到法国的目的地。

瑞士铁路运营公司（SBB）目前向旅客提供前往苏黎世机场的早班列车，列车在 4:33 从苏黎世车站出发，4:45 即可到达机场。同时，SBB 还向旅客提供不同类型的行李托运服务。比如，旅客在前往苏黎世机场的前一天，在提供行李运输服务的车站提交行李，并在出发当日于苏黎世机场的 SBB 行李柜台取行李；或者，可以选择上门提取行李服务，SBB 派专人在起飞前一天从旅客在瑞士的地址取走行李，出发当日旅客在苏黎世机场的 SBB 行李柜台取行李；或者，更加方便的服务是选择上门提取行李与办理值机服务，在上一种服务的基础上，直接办理行李托运手续，同时将登机牌和行李牌交给旅客，旅客能够直接在飞行的目的地取走行李。

此外，英国、荷兰、西班牙、芬兰、日本、加拿大等国家均提供不同层次的空铁联运产品，方便旅客的出行。

2.2.2.2 国内空铁联运产品

随着我国高铁路网的不断完善、机场服务的不断提升，近年来，国内相关运输公司及部门开始推出空铁联运产品。表 2-2 总结了近年来国内一些空铁联运产品的特征。石家庄、上海、昆明、长沙、长春、成都等地均推出不同服务水平的空铁联运产品。在核心产品的层面上，空铁联运产品主要服务机场周边的部分短途车站，少数产品会考虑粗粒度的换乘时间。在延伸产品的层面上，部分产品可以实现"一站式"购票，实现一个订单、一次支付。在附加产品的层面上，不同地区的服务内容和水平高低有所差异。

表 2-2　国内部分空铁联运产品特征

地区	联运部门	换乘枢纽	核心产品	延伸产品	附加产品
石家庄	石家庄正定机场，春秋航空公司	石家庄正定机场，正定机场站	正定机场周边部分城市	铁路票免费	免费摆渡车
上海	东方航空公司，国铁集团	上海虹桥枢纽	江、浙、皖大部分城市；接续时间大于 1 h	"一站式"购票	—
昆明	东方航空公司，国铁集团	昆明站、昆明南站和昆明长水机场	云南省内 35 个车站；省外 15 个车站	"一站式"购票	• 车站设置城市候机楼 • 车站提供值机服务 • 行李寄存
长沙	南方航空公司，东方航空公司	长沙黄花机场，长沙南站	湖南省内部分车站	"一站式"购票	• 行李托运 • 磁悬浮单程票免费
长春	长春嘉龙机场、国铁集团和当地城开集团	长春嘉龙机场，嘉龙站	每天 24 对列车双向运行	一单支付	• 为异地团队和特殊旅客提供延伸服务
成都	成都市交通局、双流区政府联合四川省机场集团	成都双流机场、成都东站	成都双流机场出发的部分国内航班	"一站式"购票	• 行李托运 • 城市候机楼 • 安检预检 • 机场专线接驳

2.3　空铁联运产品的特点及面临的挑战

2.3.1　我国空铁联运产品的特点

（1）**目前推出的空铁联运产品主要为小范围、小规模的区域性试点产品。**一些欧洲成熟的空铁联运产品能够基于干线综合换乘枢纽提供适用范围广、覆盖OD多、备选接续丰富的服务内容，而我国目前的联运产品多局限于区域机场及周边短距离铁路车站，或者单一航空公司的部分航班与当地铁路企业的少数列

车，可供旅客选择的航班、车次较少，航班和列车自由搭配组合数量有限，且缺少综合考虑出行时间、成本的优质换乘枢纽规划。

（2）**空铁联运产品中高铁和航空部分的运输组织规划均为独自设计完成。**部分国家的联运运营者在设计空铁联运产品时会协同优化铁路和航空的运输计划（schedule coordination），比如德国联邦铁路公司和汉莎航空公司、法国铁路运营公司和部分航空公司、加拿大国铁公司和皇家约旦航空公司等。然而，我国目前铁路和航空的管理机构都拥有独立的设计架构和体系，除了小范围内的"一站式"购票和短距离行李托运等附加产品服务，在核心产品层面上并没有实现运输组织的有效协同。

（3）**空铁联运产品的客流需求时空分布复杂，呈现多元化多层次的特点。**高速铁路的快速成网和民航线网的不断拓展，客流不断增长、时空分布不断变化，呈现出多样化的出行需求。在航空和铁路耦合形成的复合联运路网中，一方面，旅客的出行行为受到换乘枢纽选择、航班和车次搭配、出行票价的影响，另一方面，不同出行性质的旅客对不同空铁联运产品感知到的效用也不同。

（4）**对空铁联运接续质量的精度达不到实际要求水平。**提高空铁联运的精细化接续质量是提高其市场竞争力的重要手段。但当前我国空铁联运产品的航班和车次选择粒度较粗，航空公司和铁路部门常常随意组合搭配，一方面导致部分产品的接续时间过长，甚至超过 5 h，致使总旅行时间增加，或者接续数量较少，旅客可选择的范围小；另一方面没有精细化考虑旅客的出行效用，导致旅客可能会选择其他运输方式出行。

2.3.2　我国空铁联运产品设计面临的挑战

（1）**缺乏科学系统的顶层设计指导。**尽管高铁和航空内部均已形成成熟的运输组织体系，但是从研究对象、研究目的、计算方法和指标评估方面看，这些单一运输方式的规划设计无法生搬硬套地应用于空铁联运。截至目前，没有形成适用于我国空铁联运产品技术特点的系统性定量化顶层设计指导。

（2）**列车与航班的接续关系复杂。**列车与航班的接续受到开行方案、航次计划、列车与航班时刻表等计划的影响。不同计划的列车与航班的接续对应了不同的接续数量、接续时间、接续节点等要素。不同接续也存在不同程度的替代性和松弛性，比如当一个客流 OD 存在多条换乘路径时，该 OD 可被多个列车和航班服务，当接续失效时存在替代列车和航班；当一个客流 OD 仅存在一条换乘路径时，如果列车与航班接续失败，且无法通过调整时刻表或者增加接续时间上限，则该客流 OD 将无法被服务。目前，缺乏科学的理论方法优化设计列车与航班的接续关系。

（3）空铁联运换乘节点布局与资源配置衔接缺乏统一规划。我国联运网络规模大、换乘节点分布广、换乘条件各异，"四纵四横"高铁通道的绝大部分省会城市，同时具有高铁车站和民航机场，但开展联运的城市换乘节点并不多。从服务网络角度来看，客流 OD 数量大、分布不均衡，形成了多层次的联运出行链，而当前需求、出行链、网络之间无法实现准确匹配，哪些城市换乘节点适合或应该开展空铁联运服务缺乏理论支撑。

（4）我国高铁路网规模巨大，部分线路能力紧张，在时刻表层面可供空铁联运接续方案调整的时间资源有限。随着高铁成网运行后，高铁客流持续增长，部分干线如京广、京沪等线路能力已接近饱和。在此背景下，铁路为保证自身运输效能，可为提高空铁联运服务质量而调整的时间范围较小。如何发掘线路潜能、在较小的调整范围内有效提高空铁联运接续质量，同时避免对既有高铁时刻表结构产生过大影响，需要定量化的理论指导。

2.4　空铁联运产品编制流程

2.4.1　空铁联运产品设计理论基础

2.4.1.1　高速铁路运输组织计划

我国高速铁路运输生产过程涉及多个阶段，从战略层到策略层再到操作层包括路网规划、需求分析、列车开行方案、列车时刻表、动车运用计划、乘务运用计划、列车调整计划、市场营销等内容[152]。高速铁路运输组织计划的编制过程见图 2-1。战略层面主要从宏观的角度明确高铁路网规划、服务水平设计及客运需求分析。在策略层面，确定了路网规划后，为满足旅客出行需求，应编制列车开行方案和时刻表以明确列车的时空分布。列车开行方案以客流量及相关客流特点为基础，以满足旅客出行效率和提高铁路企业经营效益为目标，确定列车的起讫点、路径、停站方案、数量、编制内容等要素。确定开行方案后，应该编制列车时刻表，明确列车在铁路运行区间和在途经车站的到发时刻。列车时刻表规定了列车占用铁路区间的顺序和时间、列车在车站的到发和通过时刻、列车在车站的停站时间等，既是高铁行车工作的基础，也是面向旅客的运输产品的主要表现

形式之一。动车组运用计划是针对列车时刻表，合理安排动车组担当的运行任务、检修任务和各种相关任务的综合计划，是为运输产品提供运力的保障。乘务组运用计划是将列车服务人员与列车运行计划相互匹配。操作层面，运营者根据客流，明确票额预分、票额共用和限售区段调整等售票策略，设计客票销售方案。同时，在实际运输过程中，当遇到干扰时，列车无法按图行车，需要进行实时调整，减少运营损失。现实编制计划过程中，不同阶段相互影响，需要不断反馈调整，才能达到提升整个铁路系统运输效益的目标。

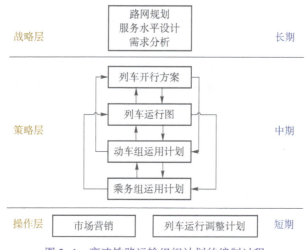

图 2-1　高速铁路运输组织计划的编制过程

2.4.1.2　航空公司运输组织规划

　　航空公司运输组织规划过程涉及多个阶段，从长期战略层至短期操作层，具体包括机队规划、航线规划、需求分析、班次规划、航班时刻表规划、机队编排、机组排班、市场营销及航班计划调整等内容。航空公司运输组织规划的编制过程见图 2-2。战略层面，航空公司需要基于运量预测结果，确定投入运营的飞机总量及类型。策略层面，航空公司需要决定飞行的具体航班路径，并根据航线评估结果确定运营航班的班次。随后，制定航班时刻表，即确定航班起飞的具体时间计划。计划制订者在尽可能充分利用高峰时段（9:00 和 17:00）的时刻资源时，还要考虑周转时间约束、机场能力约束、维修和时差等约束。接下来要进行机队编排，在航线路网中为每个航班航节确定飞机类型，并保证每个机场中进港航班和离港航班的数量一致性及运营的周期性。确定以上计划后，要为每个航班航节分配飞行员和乘务人员，使得运营成本最小。操作层面，航空公司给定航班计划、航班容量和产品集，通过控制座位库存和差异化定价获得最大收入。在航空公司资源短缺、机场或空域容量短缺等造成的干扰因素下，应做出重新分配资源、调整航班计划的决策。同样，编制航空公司运输计划的过程中，不同阶段的决策存在相互关联，需要建立相互反馈机制或者协同优化以提高系统整体的效益。

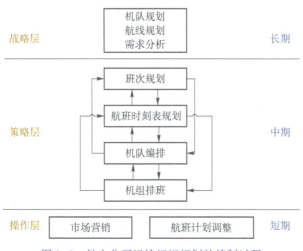

图 2-2　航空公司运输组织规划的编制过程

2.4.1.3　空铁联运产品设计的特点

不同于单一运输产品的设计，空铁联运产品中铁路部分和航空部分之间存在耦合关系，彼此之间相互作用影响，具备独特的设计特点。因此空铁联运产品设计过程中还需要考虑以下几个方面。

（1）列车和航班的接续关系。

列车与航班的接续是空铁联运产品的重点内容。接续是连接两种运输方式的纽带，影响着旅客出行效用与企业运营成本。不同列车与航班相互接续换乘，共同为旅客提供运输服务，就构成了联运服务网络。旅客最终选择的出行方案体现为服务网络中由不同列车和航班相互接续而形成的服务路径。因此，从旅客的角度看，合理的接续能够使其在时间与费用方面获得良好的出行体验。同时，在不增加运营成本的情况下，更多的合理接续可以给联运部门、铁路企业与航空公司带来更多的诱增客流，提高整体收益，促进不同方式之间的有效合作。

（2）换乘枢纽的影响。

空铁联运全程旅行链中的重要组成要素之一是换乘过程。换乘枢纽的性质影响了接续质量。从物理条件方面看，在枢纽内部，机场和车站距离越近，换乘所

需的必要时间越短，旅客换乘更加方便。对同一客流 OD 设计空铁联运产品时，不同换乘节点对应着不同的快速性、经济性和方便性，应从备选换乘枢纽中选择综合效用最高的节点，以提高产品质量，尽可能满足旅客出行需求。从服务条件方面看，不同的枢纽可能对应着不同的列车和航班服务水平，依托干线机场、特等车站的联运枢纽具备高频率的到发列车和航班，依托支线机场、低等级车站的联运枢纽具备的列车和航班服务频率较低，这些要素影响着旅客的换乘质量。

（3）对航空和铁路运输计划的影响。

空铁联运产品的设计依赖于产品内航空段和铁路段的运输计划。在以提高空铁联运服务质量为目标的优化设计过程中，应该考虑对航空和铁路自身运输计划的影响。比如，大幅度改变航班和列车的到发时刻能够有效减少联运产品的换乘时间，但采取这种调整与干线高铁线路能力饱和的情况相背。如何权衡这种关系是设计空铁联运产品的重要因素。

（4）不同运输计划阶段之间的协同与反馈机制。

在设计空铁联运产品的各个环节时，应考虑不同阶段之间的相互作用关系。在设计流程中，上一阶段的结果是下一阶段的输入，由于各种约束的加入，下一阶段的计划有可能因能力限制等导致不可行，即前后存在冲突，因此需要反馈、调整前面环节生成的计划或者协同编制。比如，通过调整列车的到发时刻能够减少空铁联运产品的换乘时间，但由于时间的变动可能会影响动车组运用计划的编制。大幅减少联运接续时间可能改变动车组接续时间，改变动车组使用数量，从而影响运营成本。或者，列车与航班的正晚点率影响了空铁联运产品的实施，若某航班晚点率高，则应反馈至接续方案编制层面，需要重新优化接续方案。因此，优化设计空铁联运产品时面对不同阶段之间的冲突，应通过反馈、调整或者协同达到优化整体联运系统的目的。

2.4.2　以高效接续为目标的空铁联运产品编制流程

本章从顶层设计的角度，针对目前我国空铁联运产品的特点及面临的挑战，基于高铁和航空两种巨量路网，对全国中长途出行，提出空铁联运产品从客流需求、路网规划、接续方案优化、实施过程到反馈、调整、优化的精细化完整编制流程，以实现空铁联运的有效接续。与高铁运输组织计划和航空公司运输组织规划类似，空铁联运产品设计流程同样涉及战略层、策略层和操作层，具体流程如图 2-3 所示。其中，战略层和策略层设计出的方案是核心产品，操作层设计出的方案是延伸产品和附加产品。

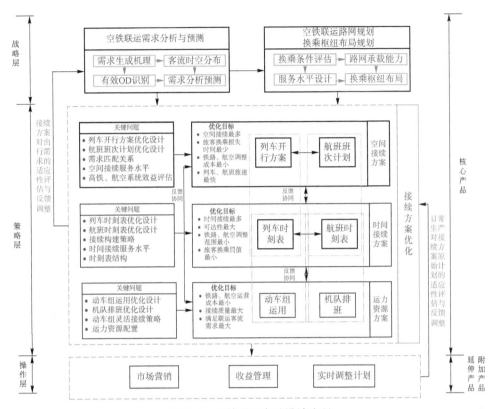

图2-3　空铁联运产品设计流程

在**长期战略规划**过程中，首要任务是**空铁联运客流分析预测**。高铁路网与航空路网庞大，耦合形成的网络点多、线长、面广、运营条件差异大，客流生成规律复杂，需要科学的方法解释联运需求生成机理，分析客流的时空分布，通过有效 OD 识别方法，实现精细化客流预测。然后，需要进行**空铁联运路网规划和换乘枢纽布局规划**。考虑到部分高铁干线、大型车站与机场的能力已趋于饱和，应结合路网结构特征和联运旅客个体的出行行为规律，评估旅客在空铁联运网络的分布，计算网络承载力和网络效率。基于换乘条件评估方法，根据目前已知的路网条件、换乘条件和运输方式的服务特性等因素，考虑旅客出行效用进行换乘枢纽布局，为下一阶段接续方案提供物理接续地点选择支持。

中期策略规划的重点为**接续方案优化设计**。在得到空铁联运预测客流、空铁联运路网及换乘枢纽布局规划后，首先，要设计空铁联运的**空间接续方案**，即列车开行方案与航班班次规划的联合优化设计，以空间接续数量最多、旅客换乘时间损失最小等为目标，明确空铁联运的空间服务范围和服务频率，包括能够覆盖

的客流 OD、换乘节点，以及相关列车和航班的开行数量，以满足多层次的客流需求。在此过程中，在把握列车开行方案和航班班次计划基本特征的基础上，还需要重点解决需求匹配关系、空间接续服务水平评估、高铁航空系统效益评估等问题。然后，要设计空铁联运的时间接续方案，即列车与航班时刻表的联合优化设计，在满足业务规则约束与空铁联运特征约束的条件下，以时间接续数量最多、可达性最大、旅客换乘罚值最小等为目标，优化列车和航班的接续关系，列车与航班的时刻资源分布等要素。在此过程中，需要把握列车和航班时刻表基本特征、接续构建策略、时间接续服务水平，以及时刻表结构变化等关键问题。最后，要设计空铁联运的运力资源方案，即编制动车组运用计划与机队排班。列车开行方案和列车时刻表、航班班次规划和航班时刻表确定后，需要分别确定运力资源的配置。前序计划调整直接影响了动车组与飞机的运力资源分布，因此考虑到运营成本与空铁联运接续方案，应定量化权衡二者之间的关系。

短期操作规划过程包括市场营销、收益管理和方案实时调整。市场营销包括联运行李服务、中转服务、里程积分等一系列提高旅客舒适度、便捷度的产品。收益管理涉及联程票、动态票价、不同票种等服务内容。方案实时调整计划则包括列车、航班晚点情况下空铁联运产品的补救方案和保障设计，以及相应运输计划的实时调整。

在整个设计流程中，不同层次的空铁联运产品之间相互影响，因此需要建立反馈机制和协同优化机制，从而达到螺旋上升、整体优化的目的。在核心产品层面，接续方案设计出来后，应基于接续方案和出行需求的相互影响机理，定量描述需求反馈控制和接续方案反馈调整过程，通过闭环提高需求对接续方案的适应性。同时，在接续方案内部，也应实现不同环节的反馈、优化与协同。如在时间接续方案与运力资源优化中，列车时刻在车站的轻微变化，可能会影响动车组运用计划的成本。不同列车时刻表可能对应着不同动车组交路计划；即便列车运行顺序不变，由于动车组之间的接续时间要求，动车组交路的铺画也存在一定差异。所以有必要协同优化面向空铁联运的列车时刻表与动车组运用计划。在延伸产品和附加产品层面，应基于实际空铁联运产品的兑现情况，及时向核心产品进行反馈调整，如列车航班晚点率高，常常导致相应空铁联运产品失效，此时应重新优化接续方案，避免给旅客和企业造成不必要的损失。

需要注意的是，空铁联运是基于高铁和航空的耦合运输产品，以优化空铁联运产品服务质量最优为目标的方案可能会降低二者自身运营效率和收益，因此在空铁联运产品规划过程中，既要考虑空铁联运系统中各个环节的反馈与协同关系，还要考虑其与高铁、民航系统的相互影响，以免造成三方效益损失，而降低三方合作意愿。

鉴于接续是空铁联运产品中最核心的部分，本书重点解析空铁联运换乘枢纽布局、列车与航班时刻表时间接续方案优化，以及基于动车组交路计划的空铁联运接续方案优化模型三个关键技术内容的内涵，并于后续章节逐一对这些技术进行精细化的研究。

2.5　本章小结

本章从核心产品、延伸产品和附加产品三个层次描述空铁联运产品的含义，并详细阐述核心产品中的空铁联运接续方案的定义和构成要素。空铁联运接续方案是指在高铁和航空路网条件、换乘设施设备、运输组织模式下，通过优化设计列车与航班的时空接续关系，实现空铁联运旅客在各个环节中顺畅出行的换乘客流组织方案。空铁联运接续方案的构成要素包括接续地点、接续节点、接续时间、接续数量、列车与航班接续组合五个要素。首先，从引入机场的铁路类型介绍了空铁联运的基础设施，并简要介绍国内外联运产品的服务内容。然后，深入分析我国空铁联运产品当前具备的特点，可总结为"面向复杂时空分布的客流需求，由铁路、航空独立指导设计的小范围、小规模、精度欠缺的初级空铁联运试点产品"。并基于实际情况提出我国空铁联运产品当前面对的挑战。最后，基于高铁运输组织过程和航空公司运输组织过程，从顶层设计的角度，对全国中长途出行提出一套空铁联运产品从客流需求、路网规划、接续方案优化、实施过程，以及反馈、调整、优化的完整编制流程，并明确研究空铁联运换乘节点布局规划、空铁联运时间接续优化方案和运力资源约束下高铁时间接续优化方案三个重要的关键编制内容。

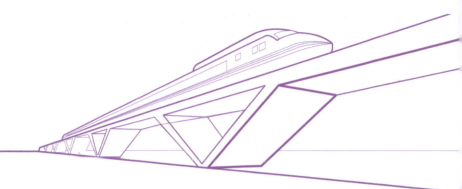

3 空铁联运换乘枢纽选择
方法研究

空铁联运换乘枢纽是联运旅客中转接续的关键节点，直接影响联运产品质量与旅客出行效用，是空铁联运接续方案的关键要素。本章通过考虑旅客选择行为，基于离散选择模型为客流 OD 选择出行效用最高的换乘点，合理规划空铁联运路网中的换乘枢纽布局。首先，从不同层次分析空铁联运枢纽选择的影响因素；其次，考虑空铁联运客流 OD 特性并进行 OD 分类；再次，基于 Logit 模型构建空铁联运换乘枢纽选择模型，选择关键的运输服务特性作为效用函数中的影响因素，最后，说明不同类型空铁联运客流 OD 的运输特性取值方法。

3.1 空铁联运换乘枢纽选择的影响因素

3.1.1 换乘枢纽布局规划研究现状

换乘枢纽的布局规划决定了旅客全程出行的出行效用，国内外学者据此展开了大量的研究。梁雪娇[159]定性研究了铁路枢纽站以及与其相连接的多条城市轨道交通线路和它们之间的线站位关系，并基于四个主要因素，包括枢纽定位、周边规划及现状、线网规划和换乘需求，规划设计合理便捷的接续方案。赵健强[160]基于公交交通系统的技术特征及优势，从布局设计、环境、运营设施、乘客信息等方面提出公交枢纽站的设计原则。胡思涛[161]通过对当前国内外城市轨道交通枢纽的换乘布局规划，分析了我国城市轨道交通站点换乘布局规划面临的实际挑战，并提出了具体的换乘布局内容。他利用熵值法，采用五个指标，包括运能匹配度、停车设施供给率、平均换乘时间、单位时间客流周转率、换乘舒适度，对换乘系统进行评价。任其亮等[162]根据组团城市背景下的交通条件和用地需求，综合考虑各组团的客流需求，以及换乘节点、网络建设和交通量之间的优化反馈关系，构建组团城市换乘枢纽的双层规划选址模型。洪育晗[163]通过对中小城市综合客运枢纽的等级体系构成、选址原则、选址模型分析，以求解综合客运枢纽的最佳广义费用为目的，建立混合整数规划模型。李铁军[164]从地铁网络自身属性出发，研究其服务特性及辐射特性。结合地铁网络与城市空间土地利用的导向效应、供需关系及耦合模式分析了二者之间的对偶关系，并分别研究了公交与地铁的换乘接驳关系、小汽车与地铁的换乘关系和自行车与地铁的换乘关系。Klose 和 Drexl[165]详细总结了国外学者关于建立枢纽换乘选址的各种模型，包括连续选址模型、网络选址模型和混合整数规划模型，并从目标函数、有无约束条件、需求有无弹性、静动态模型等方面说明各种模型之间的差异性。Wu等[166]研究了铁路配餐基地的选址问题，采用质量功能展开方法，引入一组绝对和相对指标来获得最具鲁棒性的选址方案，依据"方法—目的链"的理念，建立了两阶段鲁棒目标优化模型。Mayer[167]等提出解决精确解的多重分配方法中心位置问题的模型算法。

尽管当前换乘枢纽布局规划研究较为丰富，但是缺少对空铁联运换乘枢纽选择方法的研究。既有文献多为针对公交、地铁、铁路等运输方式的枢纽布局研究，但缺少基于高铁网和航空网耦合形成的联运网络换乘枢纽选择方法。既有方法多为根据基础建设条件、换乘接驳条件等影响因素进行定性分析，部分定量研究结合熵值法、用户均衡交通量分配法、质量功能展开法等选择枢纽，而没有结合空铁联运旅客完整出行效用方法的研究。

3.1.2 空铁联运换乘枢纽选择的影响因素分类

空铁联运换乘枢纽选择行为受到多种因素的影响，包括宏观影响因素、中观影响因素与微观影响因素三类。其中宏观影响因素主要包括国家地区政策和经济

发展；中观影响因素包括路网条件、换乘接驳条件和客流分布特征；微观影响因素包括运输服务特性和出行者个人特性的影响，如图 3-1 所示。

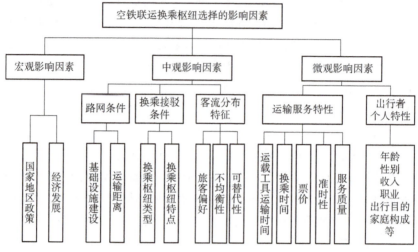

图 3-1 空铁联运换乘枢纽选择的影响因素

3.1.3 宏观影响因素

（1）国家地区政策。当前，我国已进入由各种运输方式独立发展、加速建设，向多种方式融合交汇、统筹发展、建设现代综合交通运输体系的新阶段。空铁联运是综合运输交通体系规划中的重要一环。国家地区政策作为指导方针，把握着运输系统的结构、指标和发展方向，促进多层级一体化综合交通枢纽的建设，提高多种运输网络的耦合与协作，影响着枢纽的布局。

（2）经济发展。经济发展与交通运输二者相互影响，交通运输为经济发展打破空间上的壁垒，而经济发展为交通运输基础设施建设提供保障，并影响着交通需求的数量和时空分布。经济是支撑国家各项基础设施建设、支持社会公共事业发展的物质基础，而交通运输建设规模庞大，且涉及众多行业和领域，只有大量的资金力量作为支持，才能保障各项工作有序进行。一方面，区域经济蓬勃发展可以为其综合交通体系提供有力的基础，优化当地综合交通枢纽的结构与布局；另一方面，区域经济的发展水平决定了交通系统的运输需求，也影响着旅客出行的选择行为。一个区域的经济发展水平高、社会开放程度强，客流需求大，其交通运输发展也相对更好，能够建设更加完备的换乘枢纽。

3.1.4 中观影响因素

3.1.4.1 路网条件

（1）基础设施建设。空铁联运产品是在高铁和航空两张物理网络及相关基础设施设备基础上实现的。一段完整的空铁联运出行至少涉及一段高铁旅程和一段航空旅程，因此，客流起讫点至少需要一个机场和一个高铁车站，换乘节点必须同时具备车站和机场的综合性枢纽。换乘枢纽内部应具备良好的换乘接驳条件，避免给旅客换乘带来不便。

（2）运输距离。出行可选择的运输方式与出行距离存在内在联系，不同运输方式具备不同的优势运距。在基础设施完善的前提下，高铁在短途城际运输中具备绝对优势，航空、公路和空铁联运的竞争力较弱；随着运输距离的增加，航空和空铁联运的优势不断突出，尤其对于没有机场、只有高铁的区域，旅客可以通过乘坐高铁抵达具有机场的区域中心，再乘坐飞机前往目的地，此时空铁联运在该运输市场中占据绝对优势，更加受到旅客的青睐。当换乘枢纽距离起讫点较近时，可以有效提高出行的快速性。

3.1.4.2 换乘接驳条件

根据换乘接驳条件，将空铁联运换乘枢纽分为三种类型，分别为一体式、紧邻式和近邻式，以及异地式枢纽。

（1）一体式枢纽。机场航站楼和车站合设于同一建筑内，在空间上可实现空铁联运的无缝接续。需求方面，一体式的枢纽利于联运旅客的换乘，旅客对空铁联运的支付意愿和相关盈余更高。供给方面，这种枢纽能降低联运成本，特别是附加产品，如行李托运服务。很多成熟的空铁联运产品都是基于此类换乘枢纽而设计的，如法兰克福机场、戴高乐机场等。

（2）紧邻式和近邻式枢纽。紧邻式换乘枢纽中铁路车站与机场航站楼分开设置，二者之间有连接通道，换乘距离小于 100 m。联运旅客通过步行可以实现便捷换乘。由于机场与铁路车站相距很近，铁路车站多选用地下站，如海口美兰机场、贵阳龙洞堡机场。近邻式换乘枢纽中铁路车站与机场航站楼的距离比紧邻式远，需要通过步梯或摆渡车实现换乘，换乘距离一般大于 100 m，小于 4 km，如石家庄正定机场。

（3）异地式枢纽。铁路车站与机场航站楼分开设置，位于两座独立建筑之间，二者距离更远，通常距离在 4 km 以上。旅客换乘较为不便，需要通过市内

交通完成换乘，如巴黎奥利机场、广州白云机场等。

通过分析上述三种换乘枢纽类型，换乘枢纽的特点可归纳为：一体式枢纽的接驳条件最好，换乘快速便捷，通常是空铁联运产品换乘枢纽的首要选择；紧邻式和近邻式枢纽的接驳条件次于一体式枢纽，但较短的换乘距离同样可以保证旅客换乘的方便性；异地式枢纽接驳条件最差，换乘不便，大幅降低旅客出行效用。

3.1.4.3　客流分布特征

（1）旅客偏好。对价格敏感的旅客，如学生、务工人员等更加偏好空铁联运；而对时间敏感的旅客，如商务人员，更加倾向于快速的直达航班。只有在空铁联运具备绝对优势的市场，如没有机场的起讫点，商务旅客才会选择空铁联运产品。换乘枢纽的选择直接影响了联运产品的票价，如选择廉价航空驻扎的综合枢纽作为换乘节点，则能够吸引更多对价格敏感的旅客。

（2）不均衡性。空铁联运客流具备时间和空间不均衡性。时间方面，在一天之内，由于空铁联运由两段以上的旅程构成，受到铁路天窗时间影响，高铁转航空的旅客无法选择早班航班，而航空转高铁的旅客无法选择晚班航班，因此，时间上的接续多存在于非早晚时段。旅客为了成功出行，通常会选择距离起点或终点较近的换乘枢纽。空间方面，空铁联运的开展必须基于起讫点至少具备一个机场或者高铁站和一个能够连接机场与高铁站的综合枢纽，不具备基础设施条件的区域则无法开展空铁联运。

（3）可替代性。空铁联运是基于高铁和航空两种方式衍生的运输方式，必然存在被高铁和航空替代的可能。对于同时建设机场和车站的客流OD，如果航班的票价低于空铁联运，那么空铁联运在旅行时间、票价、便捷性等方面没有任何优势，旅客不会选择联运产品。因此，为空铁联运产品选择枢纽时，应横向考虑与其他运输方式的比较优势，增强不可替代性。

3.1.5　微观影响因素

3.1.5.1　运输服务特性

（1）运载工具运输时间。旅客的基本出行目的是实现空间的位移，只有短时高效的运输才能有效满足旅客的出行需求。随着旅行时间的延长，旅客的舒适度逐渐降低，尤其当旅行时间超过一定阈值时，会极大降低出行的效用。因此，旅行时间往往是旅客最关心的出行特性之一，而在运载工具上的耗时通常占据了全程出行时间的主要部分。在其他条件相同的情况下，旅客在选择出行方式时，更加倾向耗时较短的运输方式。空铁联运中，铁路里程所占比例越高，航空里程占比越低，旅客在运载工具上消耗的时间越多。而换乘枢纽的选择直接影响了铁路部分和航空部分的运输距离。

（2）换乘时间。不同于直达服务的出行，空铁联运旅客若要实现一次完整的出行，必须经过换乘过程。列车与航班间的接续时间（旅客的换乘时间）显著影响着旅客对空铁联运的感受与评价。与城市公共交通随时买票的情况不同，城际间的长途出行需要提前预订空铁联运产品，即旅客提前知道换乘时间。基于给定的列车和航班的运输计划，航空公司和铁路公司在设计空铁联运产品时，需要签署协议，将接续时间合适的列车和航班进行匹配。接续时间内，旅客要完成换乘过程，这涉及旅客在换乘枢纽的走行、办理值机或进站手续以及等待。其中，在换乘时的走行时间取决于换乘枢纽的基本设施设备条件。实际上，旅客对不在运载工具上的耗时非常敏感，尤其是换乘中的等待时间[145]。由于一些外部条件（天气、安全性等）和内部条件（换乘枢纽的舒适度、旅客对枢纽的熟悉度、可用信息、出行目的等），旅客感知到的等待时间往往会被放大。空铁联运枢纽决定着最小换乘时间，因此应选择合适的换乘枢纽。

（3）票价。票价对旅客出行起着至关重要的作用。在其他服务水平相同的条件下，空铁联运产品的票价越低，市场竞争力越高。国内许多航空公司和铁路运营者都以低票价为特点推广空铁联运产品。尤其是在空铁联运市场培育阶段，运营者尝试通过优惠票价吸引旅客。比如，2011年天津航空公司联手天津滨海国际机场、京津城际高速铁路公司共同推出了空地一体化、无缝隙衔接的"经津进京"空铁联运服务产品，对乘坐天津航空公司航班飞往天津的旅客提供免费的机场大巴和京津城际车票；春秋航空公司和上海铁路局也推出过类似的产品，通过减免票价吸引客流。在此期间，空铁联运作为一种新的出行方式受到了广泛的关注，说明优惠的票价能够有效吸引和转移对票价敏感的旅客。而不同枢纽则具有不同的市场定位，具备不同的航空公司基地，因此在票价上也存在一定差异。

（4）准时性。困扰民航运输的一大难题就是受外界影响程度大，航班取消、航班晚点等情况时有发生。在空铁联运运输服务中，前序航班的延误或取消可能直接导致接续失败，由此也将产生一系列的产品失效、合同纠纷等问题。在航班延误法律制度并不完善的情况下，旅客在选择出行方式时会考虑由此产生的后果及烦琐的赔付手续。同理，前序列车也存在延误的可能。由于空中管控、天气等要素，不同换乘枢纽的航班晚点率也可能有所不同。

（5）服务质量。除了有效保证空间的位移，不同空铁联运枢纽会提供各具特色的换乘服务，比如快速通道、行李联运、安检互认、联运信息服务等。这些服务可以提高全程出行舒适度，满足旅客日益多样化的需求。

3.1.5.2 旅客个人特性

旅客的个人属性通常包括年龄、性别、收入、职业、出行目的、家庭构成、教育基础等要素。其中，收入影响着旅客对票价的敏感程度，收入越高，旅客对票价的敏感度越低，对旅行速度和其他服务水平要求较高，也更愿意通过金钱换取服务质量；收入低的旅客则会把票价放在首要位置。出行目的也会影响选择行为，商务出行更加注重时间，休闲出行注重出行的舒适度。不同的旅客会选择不同的换乘枢纽。

3.2　空铁联运客流 OD 分类

在高铁和航空两张超大规模路网形成的联运网络中，客流 OD 数量巨大。因此，应当考虑巨大数量空铁联运客流 OD 的共性，对其进行分类，并为不同类型客流 OD 选择空铁联运换乘枢纽。影响空铁联运客流 OD 分类的因素主要包括城市节点属性和城市节点间的相互联系，如图 3-2 所示。

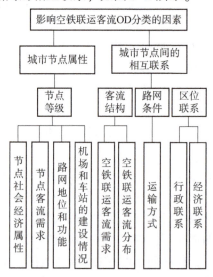

图 3-2　影响空铁联运客流 OD 分类的因素

3.2.1　空铁联运客流 OD 分类的影响因素分析

1. 城市节点属性

在城市节点属性中，节点社会经济属性、节点客流需求、路网地位和功能以及机场和车站的建设情况之间存在紧密的联系。通常而言，城市节点属性与城市节点等级有关，节点等级高的城市，经济社会发达，客流需求旺盛，路网地位高，机场和车站的建设完善，可以提供空铁联运服务的种类多样性高，实际运营效率高，且各个部门有率先打破合作壁垒的潜力。比如，2021 年颁布的《国家综合立体交通网规划纲要》中提到加速建设 20 个左右国际性综合交通枢纽城市，这些城市节点的等级较高，社会经济发展领先，交通运输体系完善，交通需求出行旺盛，是区域性乃至全国性的铁路网和航空网的路网中心，机场和车站的建设水平全国领先，航空公司和铁路局集团公司（简称铁路局）更加愿意试行合作并进行互联互通，因此存在大量空铁联运的潜在出行客流。反之，对于等级较低的节点，社会经济属性较弱，综合交通发展有待完善、服务水平不高，可能仅仅具备高铁站或者小型机场，集疏散功能较弱，空铁联运客流需求量较少。

2. 城市节点间的相互联系

城市节点间的相互联系包括客流结构、路网条件和区位联系。客流结构包括客流需求与客流分布，城市之间的总运输需求量越大，空铁联运需求越高；运输距离越长，空铁联运在旅行时间上的竞争优势越明显。路网条件方面，起讫点两端的机场车站设施设备建设情况决定着空铁联运的存在与否，同时决定着所有旅客能够选择的运输方式，以及彼此之间的竞争合作关系。区位联系方面，行政联系和经济联系会影响着生产活动频率、居民生活水平和居民消费能力，从而影响客流的发生与吸引。政治经济发达的区域之间沟通交流和人员流动较多，联运客运市场旺盛。

3.2.2　空铁联运客流 OD 分类

上节内容可以反映出影响空铁联运客流 OD 分类的因素之间具有内在联系。等级高的节点政治经济基础好、交通客流需求旺盛、基础设施设备完善、空铁联运服务种类丰富、运营机制畅通，彼此之间交通交流密切、空铁联运潜在需求大。鉴于机场和车站的建设情况能间接反映出节点等级高低以及潜在空铁联运客流需求体量，基于机场和车站的建设情况，将空铁联运客流 OD 分为三类。

（1）第一类 OD。两端节点均建设机场和高铁车站，最少需要选择 1 个换乘点，这类 OD 潜在空铁联运客流需求最高，但由于需要同航空和高铁竞争，因此空铁联运服务水平对自身竞争力的影响很大。

（2）第二类 OD。两端节点有一端建设机场和高铁车站，另一端仅建设机场或高铁车站，最少需要选择 1 个换乘点。这类 OD 潜在空铁联运客流需求较第一类少，但是数量多，且竞争方式只有高铁或者航空，是空铁联运的优势市场。

（3）第三类 OD。两端节点均仅建设机场或高铁车站，最少需要选择 1 个或 2 个换乘点。虽然这类 OD 的数量最为庞大，但是由于潜在客流需求最少，且部分空铁联运产品需要 2 次换乘，因此不是空铁联运的主要市场。

表 3-1 展示了空铁联运客流 OD 详细的分类内容，其中 AH 表示同时建设机场和高铁站的节点，A 表示仅建设机场的节点，H 表示仅建设高铁站的节点。

表 3-1　空铁联运客流 OD 分类

OD 类型	O	D	最少换乘节点数量
第一类	AH	AH	1
第二类	A	AH	1
	H	AH	1
	AH	A	1
	AH	H	1
	A	H	1
第三类	A	A	1
	A	A	2
	H	H	2

3.3　空铁联运换乘枢纽选择模型构建

Logit 模型能够清楚表达不同影响因素对旅客选择行为的影响，且结构简单、易于求解，因此将其作为构建空铁联运枢纽换乘选择模型。采用实际的航空和高铁客流数据，基于 Logit 模型量化经济性、快速性和方便性等出行行为因素描述旅客出行选择行为。通过带入空铁联运服务特性值，选择效用最高的节点作为空铁换乘枢纽。需要说明的是，空铁联运在短途运输中不具备竞争优势，所以选择中长途的航空和高铁客流数据进行求解计算。本节首先简要介绍 Logit 模型，然后说明如何构建效用函数以及参数标定过程，最后说明不同类型空铁联运客流 OD 服务特性取值方法。

3.3.1 非集计模型

非集计模型（disaggregate model）利用概率论来解决多方案选择问题，在交通规划领域中具有广泛的应用。因其研究对象是非连续变量（离散量），又常被称为离散选择模型（discrete choice model）。非集计模型的理论基础是消费者在选择时追求"效用"最大化的假说。效用是指消费者从消费选择中获得的愉快，或者需求得到的满足。在交通规划问题中，将出行者的选择视为和消费者具有相类似的原理，可将效用理论应用于交通问题的选择行为[155]。

非集计模型基于以下 2 个假设建立。

（1）出行者/决策者是交通行为意志决定的最基本单位。决策者可以是个体、家庭、企业、政府机构等。

（2）根据效用理论，出行者在特定的选择条件下，选择其所认知到的最优方案中效用最大的方案。并且，选择某方案的效用因该方案所具有的特性（如交通方式的费用、所需时间等）、出行者的特性（如年龄、性别等）因素而异。

假如某出行者 n 的选择方案集合为 A_n，选择其中的方案 j 的效用为 U_{jn}，则该出行者 n 从 A_n 中选择方案 i 的条件为：

$$U_{in} > U_{jn}, i \neq j, j \in A_n \tag{3-1}$$

随机效用理论同时认为效用是一个随机变量。该理论通常将效用函数 U 分为非随机变化的部分（固定项函数）和随机变化部分（概率项函数）两部分，并假设它们之间呈线性关系。如果出行者 n 选择方案 i 的效用为 U_{in}，则 U_{in} 可表示为：

$$U_{in} = V_{in} + \varepsilon_{in} \tag{3-2}$$

式中：V_{in}——出行者 n 选择方案 i 的效用函数中的固定项；

ε_{in}——出行者 n 选择方案 i 的效用函数中的随机项。

固定项 V_{in} 包括影响旅客出行行为的因素，通常这些因素与 V_{in} 呈线性关系。

根据效用最大化理论，出行者 n 选择方案 i 的概率 P_{in} 可以写作以下形式：

$$P_{in} = \mathrm{Prob}(U_{in} > U_{jn}; i \neq j; j \in A_n) \tag{3-3}$$
$$= \mathrm{Prob}(V_{in} + \varepsilon_{in} > V_{jn} + \varepsilon_{jn}; i \neq j; j \in A_n)$$

其中，$0 \leqslant P_{in} \leqslant 1$，$\sum P_{in} = 1$。当随机项 ε_{in} 符合二重指数分布（Gumbel distribution）

时，可导出 Logit 模型：

$$P_{in} = \frac{e^{V_{in}}}{\sum_{j \in A_n} e^{V_{jn}}} , i \in A_n \tag{3-4}$$

进一步，Logit 模型根据效用函数固定项中的自变量的属性分为两类：①广义 Logit 模型（generalized logit model），即自变量包括运输方式的运输服务特性和个人属性；②条件 Logit 模型（conditional logit model），即自变量仅包括运输方式的运输服务特性。

3.3.2 效用函数构建与参数标定

3.3.2.1 效用函数构建

运输多式联运转运设施委员会（Committee on Intermodal Transfer Facilities）强调过联运设施设备影响着运输网络的有效性。事实上，换乘枢纽的条件对旅客出行选择行为存在着很大影响。对于同一出行 OD，不同的换乘点对应着不同运输服务特性的空铁联运产品。3.1 节中从不同层面描述了换乘枢纽选择的影响因素，这些因素中存在一些共性，同时也影响着联运旅客出行选择行为，可以总结为旅客出行时间、票价和方便程度。因此，选择经济性、快速性和方便性三个运输服务特性指标作为效用函数中影响旅客出行行为的因素。

值得强调的是，为了精准描述旅客出行全过程，出行时间除了包括在运载工具运输时间，还要考虑市内交通时间和站内消耗时间。对于市内交通时间，一些机场或者高铁站建设在郊区，远离市中心，选择这些地方搭乘航班或者高铁站会极大增加全程出行时间，并且会给携带大件行李的旅客带来诸多不便。尤其对于航空、高铁和空铁联运服务竞争激烈的市场，旅客对市内交通时间更加敏感。对于相同距离的出行，虽然在空铁联运产品中，通常旅客消耗在列车和航班以及换乘上的时间都少于高铁，一旦机场位于远离市中心、城市交通不便的位置，旅客可能放弃联运产品，选择从市中心的车站搭乘高铁出行。对于站内消耗时间，通常机场和车站都要求旅客提前到达，但机场往往要求的提前时间更长。比如许多航空公司要求截止办理值机的时间为航班起飞前 1 h，而有些高铁站要求开车前 5~10 min 停止检票。

基于条件 Logit 模型构建空铁联运换乘枢纽选择模型，出发节点 i、到达节点 j、运输方式 k 的效用函数固定项 V_{ijk} 表达为：

$$V_{ijk} = \alpha E_{ijk} + \beta(F_{ijk} + C_{ijk}) \tag{3-5}$$

式中：E_{ijk}、F_{ijk} 和 C_{ijk}——C_{ijk} 运输方式的经济性、快速性和方便性。参数 α 和 β 为待求参数。$k=1,2,3$ 分别表示航空、高铁和空铁联运。

对上述服务出行因素的说明如下。

（1）经济性 E_{ijk} 表示旅客出行过程中花费的票价。飞机票价受到客流需求、售票时间或其他外部环境的影响，上下波动起伏较大，因此，E_{ij1} 的取值简化为平均票价。高铁票价较为稳定，取一等座和二等座的平均加权票价作为经济性 E_{ij2}。

（2）快速性 F_{ijk} 主要体现在旅客在起讫点之间消耗的时间，采用飞机或列车的运行时间作为快速性。

（3）方便性 C_{ijk} 反映了旅客出行过程中的便捷程度，选择旅客在起讫点两端消耗的市内交通时间以及在机场/车站内消耗的时间之和作为方便性。

3.3.2.2　Logit 模型构建与参数标定

为计算不同枢纽对应的效用函数，应标定 Logit 模型中的参数。基于中长距离 OD 的航空和高铁客流数据计算出各自的分担率，并获取各项运输服务特性指标作为输入，求得参数 α 和 β。按照运输距离，将已知所有的 OD 分若干集合 Q（$q \in Q$）。每个区间 q 的 OD 集合为 W_q。在运输区间 q 中，$n_{qij}^{(A)}$ 表示 OD_{ij}（$ij \in W_q$）的航空客流量，$n_{qij}^{(H)}$ 表示 OD_{ij} 的高铁客流量。由此可以计算出区间 q 中 OD_{ij} 的航空分担率 $p_{qij}^{(A)}$ 和高铁分担率 $p_{qij}^{(H)}$：

$$p_{qij}^{(A)} = n_{qij}^{(A)} / (n_{qij}^{(A)} + n_{qij}^{(H)}) \qquad q \in Q, ij \in W_q \qquad (3-6)$$

$$p_{qij}^{(H)} = n_{qij}^{(H)} / (n_{qij}^{(A)} + n_{qij}^{(H)}) \qquad q \in Q, ij \in W_q \qquad (3-7)$$

已知区间 q 中 OD_{ij} 的航空和高铁不同的运输特性值以及分担率，可以构建 Logit 模型，如下所示：

$$p_{qij}^{(A)} = \exp(V_{ij1}) / (\exp(V_{ij1}) + \exp(V_{ij2})) \qquad q \in Q, ij \in W_q \qquad (3-8)$$

$$p_{qij}^{(H)} = \exp(V_{ij2}) / (\exp(V_{ij1}) + \exp(V_{ij2})) \qquad q \in Q, ij \in W_q \qquad (3-9)$$

采用极大似然估计法对效用函数的参数进行标定[155,157]。每个区间 q 的极大似然函数 L_q^* 为：

$$L_q^* = \prod_{q \in Q} (p_{qij}^{(A)})^{n_{qij}^{(A)}} (p_{qij}^{(H)})^{n_{qij}^{(H)}} \qquad q \in Q, ij \in W_q \qquad (3-10)$$

对上式取对数，得到对数似然函数：

$$\ln L_q^* = \sum_{q \in Q} [n_{qij}^{(A)} \ln(p_{qij}^{(A)}) + n_{qij}^{(H)} \ln(p_{qij}^{(H)})] \qquad q \in Q, ij \in W_q \qquad (3-11)$$

最后，通过对数求导等于零即可得到参数 α 和 β 的值。

3.4 空铁联运服务特性取值

当求解出不同运输区段的效用函数参数后，应确定不同换乘枢纽联运对应的空铁联运服务特性数值，代入效用函数，选择效用最高的换乘点作为空铁联运换乘枢纽。对于第一类 OD，OD 为 ij、换乘点为 h 的空铁联运出行行为因素包括经济性 $E_{ij3}^{(1)-h}$、快速性 $F_{ij3}^{(1)-h}$ 和方便性 $C_{ij3}^{(1)-h}$；对于第二类 OD，OD 为 ij、换乘点为 h 的空铁联运出行行为因素包括经济性 $E_{ij3}^{(2)-h}$、快速性 $F_{ij3}^{(2)-h}$ 和方便性 $C_{ij3}^{(2)-h}$；对于第三类 OD，OD 为 ij、换乘点为 h 和 h' 的空铁联运服务特性包括经济性 $E_{ij3}^{(3)-hh'}$、快速性 $F_{ij3}^{(3)-hh'}$ 和方便性 $C_{ij3}^{(3)-hh'}$。每类 OD 的服务特性取值说明如下。

（1）经济性方面，对于第一类 OD 和第二类 OD，OD 为 ij、换乘点为 h 的 OD 的 $E_{ij3}^{(1)-h}$ 和 $E_{ij3}^{(2)-h}$ 包括航空票价和高铁票价之和。第三类 OD 的经济性 $E_{ij3}^{(3)-hh'}$ 涉及三个部分，两段航空旅程与一段高铁旅程的票价，或者两段高铁旅程与一段航空旅程的票价，经济性取值仍为票价之和。但是，对于第一类 OD，空铁联运需要面对来自高铁和航空的竞争压力，为了吸引更多客流，联运部门在设计票价时应提供更多折扣。同理，第二类 OD 是空铁联运的优势市场，因此提供一定折扣票价以增加市场竞争力。因此，在初始票价的基础上，需要对不同 OD 引入票价折扣系数，每类 OD 的票价为：

$$E_{ij3}^{(1)-h} = v^{(1)} E'^{(1)-h}_{ij3} \qquad\qquad (3-12)$$

$$E_{ij3}^{(2)-h} = v^{(2)} E'^{(2)-h}_{ij3} \qquad\qquad (3-13)$$

$$E_{ij3}^{(3)-h} = v^{(3)} E'^{(3)-hh'}_{ij3} \qquad\qquad (3-14)$$

式中：$E'^{(1)-h}_{ij3}$、$E'^{(2)-h}_{ij3}$ 和 $E'^{(3)-hh'}_{ij3}$——每类 OD 的初始票价，取值方法同 3.3.2.1 节；

$v^{(1)}$、$v^{(2)}$ 和 $v^{(3)}$——每类票价的折扣系数。

（2）快速性主要体现在旅客消耗在相应航班和列车上的时间。对于第一类 OD 和第二类 OD，$F_{ij3}^{(1)-h}$ 和 $F_{ij3}^{(2)-h}$ 包括航空旅程在途时间和高铁旅程在途时间之和，即从出发点 i 到换乘点 h 的在途时间，与从换乘点 h 到终点 j 的在途时间。第三类 OD 的快速性 $F_{ij3}^{(3)-hh'}$ 包括三部分，从出发点 i 到换乘点 h 的在途时间，换乘点 h 到换乘点 h' 的在途时间，以及换乘点 h' 到终点 j 的在途时间。

（3）方便性不仅包括在节点两端消耗的市内交通时间以及车站/机场内的时间，还要考虑换乘时间。换乘时间的设计主要受到两种因素的影响：首先是换乘枢纽的类型，换乘枢纽的类型决定着空铁联运产品的最小换乘时间，空铁联运运营者在设计产品时，一体式的枢纽预留换乘时间最短，紧邻式和近邻式的预留换乘时间次之，异地式的预留换乘时间最长；然后是服务频率，第一类OD的起讫点通常交通需求旺盛，其列车和航班的服务频率也相对较高，与换乘节点之间的交通方便，旅客等待时间短，因此列车与航班之间的接续时间也短，第二类OD次之，第三类OD的服务频率相对更低，换乘时间更长。此外，由于换乘过程中的不确定性、旅客携带行李的不方便性等，旅客感知到的换乘时间比实际换乘时间更长[158]。综上，基于当前的换乘枢纽，分别针对每一类OD设计方便性取值如式（3-15）至式（3-17）。

$$C_{ij3}^{(1)-h} = tc_{ij3} + ts_{ij3} + \gamma^h \times \delta^{(1)} \times tt_{ij3}^h \qquad (3\text{-}15)$$

$$C_{ij3}^{(2)-h} = tc_{ij3} + ts_{ij3} + \gamma^h \times \delta^{(2)} \times tt_{ij3}^h \qquad (3\text{-}16)$$

$$C_{ij3}^{(3)-hh'} = tc_{ij3} + ts_{ij3} + \gamma^{hh'} \times \delta^{(3)} \times (tt_{ij3}^h + tt_{ij3}^{h'}) \qquad (3\text{-}17)$$

式中：$C_{ij3}^{(1)-h}$、$C_{ij3}^{(2)-h}$ 和 $C_{ij3}^{(3)-hh'}$——三类OD为 ij、换乘点为 h（h 和 h'）的OD的方便性；

tc_{ij3}——在节点两端消耗的市内交通时间；

ts_{ij3}——在节点两端车站/机场内消耗的时间；

tt_{ij3}^h——联运部门在换乘枢纽 h 预留的最小换乘时间，与空铁联运枢纽类型有关；

γ^h——换乘枢纽 h 的换乘罚值；

$\gamma^{hh'}$——在换乘枢纽 h 和 h' 的换乘罚值。

对于第一类OD和第二类OD，旅客只需换乘一次，而第三类OD旅客需要换乘两次，感知的换乘时间更长，因此 $\gamma^{hh'}$ 大于 γ^h。$\delta^{(1)}$、$\delta^{(2)}$ 和 $\delta^{(3)}$ 表示OD之间空铁联运服务频率产生的换乘时长罚值。第一类OD之间的潜在客运需求大，联运部门提供的产品服务频率相对较高，所以罚值最小；第二类OD之间的潜在客运需求小于第一类OD，罚值 $\delta^{(2)}$ 比 $\delta^{(1)}$ 大；第三类OD之间的潜在客运需求最小，罚值 $\delta^{(3)}$ 最大。

3.5　本章小结

本节基于能够反映旅客全程出行效用的 Logit 模型构建空铁联运换乘枢纽选择方法。首先，从三个层面分析换乘枢纽的影响因素，宏观层面包括国家、地区政策和经济发展，中观层面包括路网条件、换乘接驳条件和客流分布特征，微观

层面包括运输服务特性和出行者个人特性。其次，考虑到空铁联运 OD 数量庞大，结合不同 OD 的特性进行分类。影响客流 OD 分类的因素包括城市节点属性和城市节点间的相互联系。选择机场和车站的建设情况将客流 OD 分为三类，第一类 OD 的两端节点均建设机场和高铁车站，第二类 OD 的两端节点中有一端建设机场和高铁车站，另一端仅建设机场或高铁车站，第三类 OD 的两端节点均仅建设机场或高铁车站。其中，第一类客流 OD 需求旺盛，但市场竞争激烈；第二类客流 OD 需求次于第一类 OD，但是数量较大，是空铁联运的优势市场；第三类 OD 的潜在客流需求最少。再次，采用 Logit 模型构建空铁联运换乘枢纽选择模型，选择快速性、经济性和方便性作为服务特性。最后，详细说明不同类型 OD 的空铁联运服务特性取值方法，选择效用最大的节点作为换乘枢纽。本章计算结果可作为空铁联运接续方案优化中的接续节点。

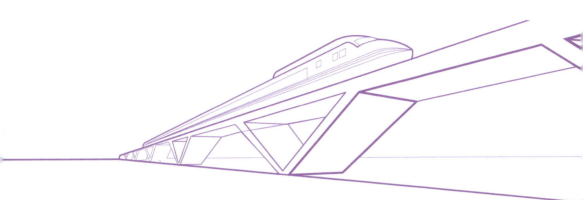

4 基于空铁联运的列车与航班时刻表接续方案优化模型

空铁联运时间接续方案优化决定了联运产品的时间接续质量，能够有效提高空铁联运服务水平。结合第 3 章选择出的空铁联运换乘枢纽，本章通过分析面向空铁联运的列车和航班时刻表编制特点和评价指标，在既有时刻表的基础上，针对单线铁路与单机场的场景，采用事件活动网络（event-activity network-based）的建模思想，分别建立已知联运客流和未知联运客流两种情况下的列车与航班时刻表时间接续方案多目标优化模型。其中，模型一侧重列车与航班的接续关系，模型二侧重联运网络中 OD 的可达性。

4.1 编制特点与评价指标

4.1.1 时刻表优化研究现状

4.1.1.1 列车时刻表

列车时刻表是列车运行计划的核心体现，也是运营者和旅客之间的重要桥梁。其优化方法可以根据列车运行的周期性、目标函数、编制阶段等进行分类。

列车时刻表可分为周期时刻表和非周期时刻表。周期时刻表列车开行密度

大、开行时刻、停站方案在各时段内相对固定，充分体现了高速铁路快捷、舒适、方便的优点，同时能够有效降低问题求解规模，且周期图易于编制动车组运用计划。因此，周期时刻表广泛应用于欧洲和日本的高速铁路。自 Serafini 和 Ukovich[35] 第一次提出周期事件规划问题（period event scheduling problem，PESP）后，大量学者将其与列车时刻表结合，形成丰富的周期列车时刻表方法理论（Odijk[36]，Liebchen[37-38]，谢美全和聂磊[39]，Zhang 和 Nie[40]）。Odijk[36] 设计了割平面算法，提高了 PESP 在解决周期列车时刻表问题时的适应性。Liebchen[38] 以柏林地铁为背景优化换乘车站的到发时刻，以旅客换乘时间最小为目标进行优化设计。也有学者基于圈周期（cycle periodicity formulation，CPF）模型进行建模优化（Peeters[41]，郭根材等[42]）。比如，郭根材等[42] 针对固定列车接续，改进了 CPF 模型，建立了适合备选列车接续的周期列车时刻表编制（PCCPF）模型[42]。对于非周期时刻表，建模方法包括列车时刻表问题（train timetabling problem，TTP）模型、个人行程安排问题（individual trip scheduling problem，ITSP）模型等，比如 Caprara 等[43]、Wong 等[44]、Tian 和 Niu[45]。对于大规模非周期时刻表的求解，学者会采用不同算法生成次优解，基于数学规划方法的研究包括分支定界法[46-49]、拉格朗日松弛法[50-52]、列生成算法[53-54]。基于启发式算法的研究包括邻域搜索法[55-56]、二分法[57]、遗传算法[58]、模拟退火算法[59]、元启发式方法[60] 等。

列车时刻表的优化编制也会考虑不同的目标，包括稳定性、鲁棒性、能力利用、效率、弹性、能耗等。Goverde 和 Hansen[61] 概述了这些指标，指出它们在时刻表设计中的重要性，以及它们之间的相互关系。Goverde[62] 进一步地基于 max-plus 代数中时刻表的线性系统描述，阐述了一种稳定性理论。所提出的方法可分析评估时刻表的实现性和稳定性，并使用关键路径算法量化鲁棒性。Goverde[63] 也为运营者提供了评估和改善时刻表稳定性的决策支持。Cacchiani 等[64] 通过引入人工变量控制解的鲁棒性以及在拉格朗日优化过程中动态改变控制参数的权值，提出的拉格朗日优化方案能够处理时刻表鲁棒性问题。Zhou 等[65] 将列车速度等级离散化，基于时间-空间-速度三维网络构建模型，同时优化列车时刻表与运行速度控制以保证运行时间和能源消耗，并基于拉格朗日松弛算法找到高维路径。Zhang 和 Nie[40] 以能力为导向，在 PESP 的基础上，引入了新的 0-1 变量，改进了区间安全约束和车站越行约束，以最小化周期时间为目标铺画周期时刻表，并以京沪高铁作为案例分析。也有学者会综合考虑这些目标进行联合优化。比如，Yan 等[66] 提出了一个多目标周期时刻表优化模型，通过优化旅行时间、规律性偏移、时刻表脆弱性和越行数量，均衡时刻表的有效性、规律性、鲁棒性和能力利用。

除了考虑计划阶段（scheduling）的时刻表编制，还有丰富的文献研究了实时调整阶段（rescheduling）。在列车运行过程中，如果受到随机干扰，列车将无法按照原始计划运行，因此需要对列车时刻表进行实时调整。Cacchiani 等[67] 总结了时刻表实施调整阶段的综述，并且对其进行了区分，包括干扰和破坏之间的区别、宏观和微观的区别等。比如，Boccia 等[68] 针对干扰从微观的角度提出了一个整数规划模型，引入 0-1 变量表示集合中的一条路线是否分配给列车，以及连续变量表示列车到达闭塞路段的时间，并提出两种算法，以 2012 年 INFORMS 给定的案例进行验算。Louwerse 和 Huisman[69] 以最小化被取消的列车子系列和列车延误的数量为目标，提出了一个整数规划模型，用于在正常时刻表因中断而无法运行的情况下设计一个替代的周期时刻表。同时作者还考虑了列车的规律性等要素。Sahin[70] 和 Duendar 设计遗传算法从宏观的角度实时调整时刻表，并开发了三种基准检测方法，包括人工神经网络、遗传算法和基于备选图模型的整数规划模型。Hong 等[71] 针对大规模干扰晚点情况，提出了一个混合整数规划模型，该模型考虑了那些未被取消列车的停站模式，同时也考虑了轨道容量等要素。

此外，列车时刻表还可根据服务的对象分为客运时刻表和货运时刻表，根据研究对象的规模分为单线时刻表和路网时刻表，根据铁路运输系统的细节级别分为宏观时刻表和微观时刻表等。

4.1.1.2　航班时刻表

航班时刻表是航班计划的核心部分，各个航空公司在编制计划时希望通过合理部署资源尽可能地满足旅客需求、实现利益最大化。因此，国内外有大量学者针对时刻表展开丰富的研究。

最早的航班时刻表优化设计可以追溯到 20 世纪 60 年代。在 1985 年，Etschmaier 和 Mathaisel[72] 就对过去二十年的航班时刻表做了全面的综述，总结了不同阶段使用运筹学中的算法。随后，很多学者都基于一个既有的航班时刻表，即增量优化方法，通过有限移动航班的时刻、增加或删除航班，抑或是改变航班，实现改善航班时刻表的目标。之所以需要基于一个既有的航班时刻表进行优化，Lohatepanont 和 Barnhart[73] 总结了四个原因：①建立一个全新的航班时刻表需要航空公司可能无法获得的数据；②从零开始建立一个新时间表，在操作上是不实际的，同时在计算上也存在困难；③频繁变化的网络结构需要在机场车站（如登机口、值机柜台等）投入大量资金；④航空公司更喜欢在不同季节之间保持一定程度的一致性和连续性。因此，相应地，使用增量优化法的优点是：①航空公司可以使用历史数据预测未来航线的需求；②所需的计划在精力和时间上是可控的；③在机场的固定投资可以得到有效利用；④维护一致性。Yan 等[74] 考

虑实际运营中发生的日常乘客需求中的随机扰动，建立了一个两阶段随机需求调度模型，该模型考虑了旅客的选择行为。采用基于弧和基于路径的策略，设计了两种启发式算法求解。Jiang 和 Barnhart[75] 研究了动态的航班计划，在预订期间通过微调安排航班的行程，显著改善航班能力的利用率，进而增加利润。随后，Jiang 和 Barnhart[76] 针对轴辐网络构建了具有鲁棒性的航班计划模型，以便应对客流需求的可变性，设计分解算法问题，涉及变量缩减技术和列生成技术。以美国一家大型航空公司的数据进行实验，结果表明该模型生成的航班时刻表可以实现利润的提高。徐晨等[77] 以现有航班时刻表为基础，对时刻池内的时刻进行交换，提高航班资源的使用率，以航空公司收益最大化为目标，建立整数规划模型，并以南京禄口国际机场为例进行案例分析。胡明华[78] 等从航空公司和空中交通流量管理部门两者综合考虑，在对空域结构和航班数据分析的基础上提出了基于历史数据的机场航班时刻优化模型，并改进匈牙利算法求解，最后结合杭州萧山国际机场历史运行数据进行案例分析。汪梦蝶[79] 等提出可接受调整量水平的概念，针对航班时刻表功效性和可接受性之间的关系，构建航班时刻优化，基于 ε-约束法的分步求解策略，采用带变异算子的改进粒子群算法进行求解，并以南京禄口国际机场作为案例进行分析。

相对于增量优化方法，也有少部分研究采用综合优化方法，即重新编制航班时刻表而非依赖于一个既有的航班时刻表。Erdmann 等[80] 在给定一个航空公司的机队和 OD 需求的前提下，提出了一个有容量限制的网络模型，并运用分支定界法求解一个新的航班时刻表。Kim 和 Barnhart[81] 针对一个包租航空公司设计了航班计划，通过分析包租航空公司的运营特点和经营约束，提出了以与乘客相关的总利润最大化为目标的整数规划模型，采用精确算法和启发式算法求解。Wei 和 Vaze[82] 考虑到时刻表与机队分配决策的强相关性和到发时刻对换乘的影响，利用离散选择模型捕捉旅客行为，首先构建一个混合整数规划模型，然后提出了一种原始的多相解决方法，并有效地结合了几种启发式方法。以阿拉斯加航空公司作为案例，与增量优化方法相比，其模型和算法可以带来显著的利润提高。

更多的学者将航班时刻计划与其他计划，比如机队编排问题、飞机维检航路问题和机组排班问题等进行联合优化。Ahmed 等[83] 在给定机队和初始时刻表的前提下，通过在每个航班前插入冗余时间，构建两阶段模型，确定每架飞机的航路分配，制定一个具有鲁棒性的航班时刻表，通过仿真和粒子群优化进行求解。Ahmed 等[84] 通过重新分配飞机接续缓冲时间，同时兼顾检修维护约束，构建了一个非线性规划模型来优化一个周航班时刻表，其目标是增强其鲁棒性，降低其对飞机晚点造成延误的敏感度，同时采用线性化技术以便能够用商业求解器求解，并提出一个混合优化仿真的方法，将混合整数规划与蒙特卡罗仿真相结合，以得到最终的时刻表。Cadarso 和 Marín[85]综合优化了航班计划和机队编排问题，将航班计划的鲁棒性引入模型，考虑预期换乘失误的旅客人数，确定每个市场中每个航班航节的频率和到发时刻，以及分配到每个航班航节的机型，最后以西班牙伊比利亚航空公司的数据进行案例分析。Cacchiani 和 Salazar-González[86]构建了一个混合整数规划模型，其目标函数考虑了与每个机组人员相关的成本、对过短或长接续时间的惩罚、机组人员沿其航线更换航班的成本，以及与使用每架飞机相关的惩罚，来确定航班的起飞时间、机队分配和机组航线，并采用启发式算法求解。

4.1.1.3　时刻表优化协同

在公共交通路网中，换乘通常是旅客出行时不得不面对的出行过程。为提高换乘质量，国内外研究学者针对不同运输方式，对相同运输方式之间的时刻表协同优化开展了大量研究。

换乘对出行质量起着至关重要的作用，研究换乘时间价值的学者发现乘客通常感知到的换乘等待时间是车内时间（in-vehicle time）的 1.5~12 倍[87-88]。因此，许多文献通常以最小化旅客的换乘时间为目标进行协同时刻表的设计。Jansen 等[89]以城市轨道交通的列车出发时间作为变量，假定列车追踪间隔时间等要素不变，以最小化换乘等待时间为目标建立时刻表优化模型，通过禁忌搜索算法得到有效解。Wong 等[44]通过调整列车运行时间、停站时间、调度时间和列车追踪间隔时间，以最小化城市轨道交通网络中所有乘客的换乘等待时间为目标，建立了混合整数规划优化模型。Sun 等[90]以动态客流需求为输入，构建了不同的混合整数线性规划模型，对列车发车时间进行优化。模型包括不考虑容量约束的列车时刻表模型、考虑容量约束的列车时刻表模型以及平高峰等间隔时刻表模型，最后对比了这三个模型的优化效果。Kang 等[91]、Kang 和 Zhu[92]分别针对城市轨道交通网络末班车和首班车协调问题，提出了数学优化模型来减少乘客换乘时间和换乘等待时间，并以北京城市轨道交通网络为例进行求解和验证。部分研究以改进的换乘等待时间为研究目标优化时刻表。Shafahi 和 Khani[93]优化了城市轨道交通的平均换乘等待时间，通过调整列车的始发时间以及考虑额外的停站时间，建立了两个混合整数规划模型；针对大规模案例，采取遗传算法进行求解。禹丹丹等[94]提出用平均换乘等待时间简化模型变量的规模，采用混合整数规划方法构建以各线路列车的发车时刻为决策变量、以路网内所有乘客的总换乘等待时间最小为目标的换乘协同列车时刻表优化模型。李智等[95]对城际铁路路网中的换乘过程进行分类，提出列车延迟时间和乘客换乘走行时间的概率分布，并据此计算乘客换乘等待时间；基于周期事件规划问题（PESP）提出以最小化

所有旅客的加权换乘等待时间期望为目标的周期时刻表编制模型。胡倩芸等[96]分析铁路出站乘客转乘地铁的行为特征与客流规律，以衔接车站乘客总候车时间最小为目标，建立城市轨道交通发车时刻优化模型，并设计相应的遗传算法进行求解。袁振洲等[97]以乘客换乘总时间最少、使用公交车辆总数最少为目标建立了时刻表与公交车辆调度系统优化模型，并采用非支配排序遗传算法求解。

部分研究在设计时刻表时，考虑了列车之间的<mark>同质性</mark>以提高换乘效率。Domschke[98]提出二次规划模型优化时刻表的同质性，采用多种启发式方法和分支定界方法求解。Daduna 和 Voß[99]提出半分配二次规划模型提高时刻表的同质性，模型采用禁忌搜索算法求解。Ceder 和 Tal[100]以公交车辆在换乘站的接续数量最大为优化目标，构建了混合整数规划模型对公交的发车时间进行优化。刘志刚等[101]定义了时刻表同步系数，通过调整不同线路上的公交发车时间，最大化同步系数之和，并采用禁忌搜索方法求解。Ibarra-Rojas 和 Rios-Solis[102]在 Ceder 和 Tal[100]的基础上，深入研究了公交路网同质化列车时刻表优化问题，文章证明了该问题是属于 NP-hard 问题，并在预处理阶段排除了大量的决策变量和约束，采用元启发式方案进行求解。Wu 等[103]通过调节原始公交时刻表，提出了多目标规划，目标包括最大化换乘旅客数量和最小化时刻表偏移时间。Kwan[104] 和 Rios-Solis[102]、Ibarra-Rojas 和 Muñoz[105]等都做了类似的研究。

近年来，交通网络的<mark>可达性</mark>优化逐渐得到重视。姚恩建等[106]从站点、线路及路网三个层面，研究末班车条件下城市轨道交通可达性，以动态可达性最大为目标，考虑各线路发车时间约束，建立末班车时刻表优化模型，并设计遗传算法求解。Chen 等[107]面向城市轨道交通网络中的末班车时刻表优化问题，提出整数规划模型最大化带有权重的可达 OD 数量，并设计遗传算法求解。温芳等[108]在考虑运营结束延迟惩罚的基础上，构建以最大化时段内各间隔起始时刻的关键 OD 可达对数之和为目标的数学模型。Yang 等[109]基于时空网络优化设计城轨的路网末班车时刻表，提出时空可达性和基于客流的可达性度量方法，采用拉格朗日松弛技术求解问题。Zhou 等[110]针对地铁末班车，提出一个混合整数规划模型，以目的地可达性最大化，即乘客成功到达目的地站的数量最大为目标，同时优化了时刻表与客流分配。Kang 等[111]通过优化地铁时刻表和末班车跳站方案，解决了地铁系统的末班车跳站、换乘可达性和节能调度问题，并提出一个基于启发式评估的优化算法进行求解。

还有一些协同优化研究考虑到服务换乘客流量[112]、广义成本[113-115]等要素。其他方面，包括能源消耗[116]、客流控制问题[117]等时刻表协同问题均得到学者的广泛关注。

目前时刻表的研究成果丰硕，但缺乏适应空铁联运接续特征的接续方案优化模型与方法。列车时刻表和航班时刻表的研究丰硕，但二者均独立设计，都以自身运输系统最优进行规划。因此，会发生联运接续时间不合理和接续数量较少的现象。尽管目前部分城市交通的时间接续方案成果丰富，但这些研究理论与方法无法直接应用于空铁联运。首先，公共交通协同优化的要素不同，侧重点也不同，如地铁侧重客流控制与换乘接续的协同优化问题，公交侧重考虑共线与站台排队进站对接续的影响等；其次，地铁或者公交部门能够按需加开列车，达到提高接续数量的目标，而铁路和航空作为计划性非常强的运输方式，实时增删服务频率都可能导致系统结构变化；再次，地铁和公交的服务频率高，旅客在一定时间范围内总能实现接续，因此最主要的优化目标在于最小化换乘时间、提高换乘效率，而空铁联运的 OD 服务频率较低，其目标应更加侧重提高接续的数量与路网的通达性，覆盖更多的车站和机场；最后，不同于城市客流对快速性的高要求，由于列车与航班的晚点可能造成产品失效，旅客不会单一追求无缝衔接快速换乘，且不同类型旅客对接续时间的敏感度也有所差异，因此需要更加合理地设计列车与航班的接续时间。

4.1.2　基于空铁联运的列车与航班时刻表编制特点

在设计空铁联运产品时，提高空铁联运换乘质量的关键决定因素包括列车和航班在换乘枢纽的出发和到达时刻，以及两种运输方式之间的接续时间，这些时间的设定都需要协调列车和航班时刻表。

列车时刻表是高速铁路运输组织计划编制的重要环节之一。在我国，编制时刻表前，需要全路统一列车开行方案，加工、整理、审核和确定时刻表的数据资料，如机务部门提出区间运转时分、起停附加时分等，工务部门提出"天窗"时间，客运部门提出停站次数和时间等。基于上述准备工作，在满足安全约束、运行约束等条件的基础上，针对不同的运输目标，确定全路直通旅客列车运行方案图和列车运行详图。与城市轨道交通时刻表相比，铁路时刻表有其复杂性和独特性。由于列车运程不同、停站方案差异大、归属不同运营部门，因此编制和优化时刻表时要满足复杂的客流时空分布、考虑与开行方案和动车组运用计划的相互影响、权衡不同铁路局之间的收益等。列车时刻表在投入使用之前，需要根据实际运营需求与状态进行修正并优化，制定出最终的实际时刻表。

航空时刻表是航空公司进行中长期决策过程的重要环节。航班时刻的确定受到市场需求、机场条件的合理使用与其他航班的衔接、空域流量、地方政策等因素的影响。设计航班时刻过程中，应遵循历史航班时刻优先原则、符合市场细分特点、考虑竞争性等要素。在制订航班计划过程中，确定了班次计划后，将编制

航班时刻表，即确定航班的起飞时间。航班时刻表通常在起飞前1年内开始制定，并在起飞前2~6个月最终完成。在实际编制过程中，经常会出现相互矛盾的目标，因此航空公司必须有所取舍。一方面，希望飞机利用率（每天轮档小时数）最大，或是希望周转时间最小；另一方面，希望能编制尽可能满足旅客需求的时刻表，从而增加运营收入。完整的航班时刻表编制问题也十分复杂且计算规模巨大。除了基本安全约束，还要考虑来自枢纽网络航班波的影响、长途航线中的时差问题，以及对航班计划中下一阶段的影响，即机队编排、飞机例行维修、飞机周转计划等要素。制订完计划后，直到飞机真正起飞之前，也会根据实际的运营状况或者意外情况，如维护和天气问题，进行适当的调整。

与传统的列车和航空时刻表编制相比，面向空铁联运的计划编制具备自身特点，因此编制时需要额外考虑以下方面。

1. 列车时刻表与航班时刻表之间的接续关系

空铁联运中，旅客若要实现一次完整的出行，必须经历换乘过程。可以通过调整高铁列车和航班在换乘枢纽的到发时刻，优化两者之间的接续关系，从而实现提高换乘质量的目标。空铁联运中存在两种接续关系，一种是铁转空（H—A）接续；另一种是空转铁（A—H）接续。铁路和航空的接续质量主要涉及接续时间和接续数量。

（1）接续时间。对于"铁转空"接续，接续时间是指在空铁换乘枢纽中，离港航班的起飞时间与高铁列车的到达时间之差。该时间应不小于旅客完成换乘所需要的最少时间。换乘过程包括旅客从高铁下车到达车站出口、从车站出口搭乘交通工具/步行前往机场和在机场办理值机手续。同时，该接续时间也应不大于旅客可接受的最大换乘时间。部分旅客可能倾向于选择休闲放松的旅行，比如在完成换乘后选择在机场进行购物、餐饮，继而需要更多的休闲时间。对于"空转铁"接续，接续时间是指在空铁换乘枢纽中，高铁列车的出发时间与进港航班的到达时间之差。同样，该时间也应大于旅客完成换乘所需要的最少时间。该换乘过程包括旅客从飞机下来到达机场出口、从机场出口搭乘交通工具/步行前往车站和在车站办理乘车手续。类似地，接续时间也应不大于旅客可接受的最大换乘时间。与城市交通相比，空铁联运接续具有低时间敏感度的特点，考虑到换乘过程、航班准时性等特点，旅客在出行过程中不会过分追求换乘的无缝衔接，需要预留一定换乘时间冗余。因此需要合理设置接续时间，提高旅客出行效用。接续时间太短，旅客无法完成换乘；接续时间太长，旅客的完整出行链时间增加，联运质量下降。尤其对于当列车在换乘枢纽的服务频率有限时，如果旅客错过一个接续，就要消耗更长的等待时间，甚至无法抵达目的地，继而导致旅客选择其他运输方式出行。

（2）接续数量。在接续时间合理的前提下，接续数量越多，空铁联运服务质量越高，可供联运旅客出行的选择越丰富。与城市轨道交通相比，空铁联运的接续较为稀疏，相同 OD 可替代换乘路径较少，因此需要尽可能提供更多的接续服务。同时，由于需求的不确定性，联运旅客更加倾向于灵活的接续，而非固定的一个。不同列车和航班组成的联运产品在出发时间、价格方面都有所差异，而多种接续所对应的产品可能能够满足不同旅客的需求。另外，多样的接续可能会产生更多的转移客流，比如吸引铁路或者航空客流。对于时间敏感型旅客，当铁路和航空无法满足他们的出行意愿时，这些旅客可能会选择出行时间合适的空铁联运产品；对于价格敏感型旅客，他们可能会被某些低价空铁联运产品吸引，从而不会再考虑铁路或航空出行。

2. 空铁联运需求

旅客需求表现在客流量以及客流特征方面。空铁联运需求的时空分布复杂，不同距离、不同类型的客流需求具有多样性特征，对全程出行时间及换乘时间的要求也存在差异。一般而言，空铁联运的服务对象是城际间中长距离的旅客，距离越长，旅客对换乘时间的敏感度越低。同时，不同类型的旅客对换乘时间的感知也有所不同。另外，联运需求也受到供给水平的限制。一方面，联运产品之间的服务水平差别化较大，设计的差异影响着客流的出行选择。另一方面，部分空铁联运产品与航空、高铁也存在较强的竞争关系，同一 OD 的旅客可能存在多种选择，而联运产品的换乘服务水平设计则直接影响了效用，继而影响旅客的出行行为。但是，空铁联运客流需求的有效预测与获取在理论和实践上存在一定难度，在编制接续方案时应根据数据获取的难易程度分别建立优化模型。

3. 对既有列车时刻表和航班时刻表的影响

铁路运营部门在编制时刻表时主要考虑的服务对象依然是铁路客流，基于既有列车时刻表做优化调整，虽然可提高空铁联运接续服务质量，但由于列车之间的强相互作用关系，轻微的调整可能会破坏原图的结构，影响铁路客流分布从而减少收益。因此，编制面向空铁联运的列车时刻表时需要协调优化调整所带来的收益与损失之间的博弈关系。同理，满足空铁联运旅客需求也不是航空公司制订航班计划的最主要目标，因此在编制优化航班时刻表时也必须考虑调整对航空客流吸引产生的影响以及由此产生的运营成本。

4. 对其他运输组织阶段的影响

在铁路运输组织中，微小的时刻表调整，都可能改变下一阶段的计划，比如动车组运用计划。原本列车在折返站的接续时间充足，可以为动车组接续作业造

成的晚点提供缓冲时间，避免晚点传播。但是为了提升空铁联运服务质量，列车时刻表的调整可能会缩减动车组之间的接续时间，降低了可靠性和鲁棒性，或者增加接续时间，导致需要更多的动车组，增加了运营成本。类似地，航班时刻表的调整也可能改变机组排班计划。因此，编制面向空铁联运的列车和航班时刻表时要考虑对下一阶段计划的影响。

本章在优化时刻表时，重点考虑了第 1~3 方面，第 4 方面将在下一章着重研究。

4.1.3 接续方案优化评价指标

1. 列车与航班的接续数量

在换乘接续的研究中，接续数量是一个重要的优化评价指标。单一运输方式或多种运输方式之间总是涉及换乘，旅客不得不从一个运载工具换乘至另一个运载工具。从运营层面而言，提高空铁联运接续数量对于改善服务水平十分重要。列车与航班的接续越多，可以打造的联运产品就越丰富。比如，不同出行需求的旅客对出发时间有一定要求，旅客可从中选择具备合适出发时间的产品；对票价敏感的旅客可以从中选择低票价产品，对舒适度要求较高的旅客可以从中选择附加服务较多的产品。

2. 航班覆盖数量

在提高换乘接续数量的同时，增加可覆盖的航班数量，能够扩大产品的服务范围，吸引更多地区的客流，同时，可以增加航空的转移客流量，带来更多收益。

3. 旅客换乘效用

目前在公共交通领域的一个优先事项是增加旅客在换乘时的感知效用或减少旅客在换乘时的感知负效用，以增加客流量[150]。不同出行目的、收入水平、年龄层次的旅客往往对换乘时间感知不同，其中旅客出行目的是一个重要影响因素。将旅客分为商务和休闲两类是航空旅客需求细分的最常用的方法，无论在研究领域还是在工业领域都得到了广泛的应用[151]，商务旅客和休闲旅客在价格与时间方面的敏感度或弹性存在差异，应分别制定相应的策略。空铁联运具备航空运输的特性，也应面向不同类型的旅客优化设计换乘服务水平，增加/减少旅客的换乘效用/负效用。

4. 可达性

可达性是衡量运输服务的一个重要指标。在交通规划领域，由于研究对象及研究方法不同，既有研究对可达性给出了不同的定义。它既可以表示利用特定的交通系统从一个地点到达任何土地使用活动的便利性[148]，或是在指定时间范围内从一个起点到达研究城市的数量[149]，也可以描述线网内可达的 OD 数量[108]。空铁联运的优势之一在于提高网络的通达性，尤其是为机场辐射的周边地区提供更快速的出行选择，改善可达性能够加强联运优势。通常，空铁联运服务按照铁路和航班运输组织计划运行，其可达性受到基础设施建设与运输组织方案的影响。基础设施建设涉及投资运营等多种要素制约，因此改善可达性主要选择优化运输组织方案。不同于城市轨道交通，其高密度的列车服务频率和站站停的列车停站模式可保证路网的连通性，空铁联运在常规运营时段的列车服务频率有限，且不同航班和列车包括多种起讫点，如果部分接续失败，则可能导致部分 OD 在服务层面中断，出行路径不可达。如果空铁联运可达 OD 数量少，满足旅客出行需求的联运产品少，则会使旅客放弃空铁联运，选择其他运输方式前往目的地。因此，选择可达性作为调整空铁联运列车和航班时刻表的优化指标十分必要。

5. 列车和航班时刻表的偏移

在基于既有的列车和航班时刻表优化调整空铁联运服务水平时，还需要考虑相较于原图的偏移。一方面过大的偏移可能会导致动车交路的改变，从而增加列车运行成本，另一方面可能会影响原先已经培养的乘客乘车习惯，进而影响客流量。因此，需要减小列车和航班时刻表相较于原图的偏移，协调优化空铁联运换乘质量所获得的收益与调整列车时刻表所带来的损失。

4.2　问题描述

本章针对双线单向铁路且具备一个空铁换乘枢纽的场景建立列车和航班时刻表协同优化调整模型。考虑到重新编制计划所面对的实际困难，采用增量优化方法，即基于一套已知的列车和航班时刻表进行优化建模。在已知列车开行方案和班次计划的前提下，设置每列列车和每个航班的时间窗，调整列车和航班在空铁换乘枢纽的到发时刻，从而达到提高空铁联运服务质量的目的。

由于目前我国空铁联运产品仍处于发展阶段，在实际运输过程中，精准的空铁联运客流 OD 数据难以统计。考虑到客流数据的获取，本节分别建立两个优化模型。基于 4.1.2 节的评价指标，考虑接续数量的列车与航班时刻表接续方案优化模型 M1，以及考虑可达性的列车与航班时刻表接续方案优化模型 M2。模型

M1 中，以空铁联运接续数量作为主评价指标，被覆盖的航班数量和旅客换乘效用作为辅评价指标。模型 M2 中，以空铁联运可达性作为主评价指标，时刻表偏移量作为辅评价指标。当联运部门无法获得有效空铁联运客流数据或者难以精确预测客运需求时，可以通过模型 M1 优化设计时间接续方案，达到最大化接续数量的目的；若联运部门能够获得准确客流数据，则可以通过模型 M2 优化设计时间接续方案，保证空铁联运产品能覆盖到重点客流 OD，扩大服务范围。下面分别对两个模型进行问题描述。

需要说明的是，本章的两个模型中高铁列车时刻表的时间单位是 1 min，很多文献使用该精度进行建模计算[41,43,142]；航班时刻表的时间单位长度为 15 min，该精度在我国航空编制运输计划过程中得到实际运用，也在国内外很多文献中得以应用[135,143-144]。

4.2.1　考虑接续数量的列车与航班时刻表接续方案优化模型问题描述

模型 M1 描述的问题中，针对某个空铁换乘枢纽，主要以最大化列车和航班的接续数量为目标。对于铁转空接续，在换乘枢纽中，若某离港航班的离港时间与某到达列车的到达时间之差不小于最小换乘时间且不大于可接受的最大换乘时间，则称该列车与该航班实现一个接续，也可称二者的接续关系有效；否则，二者不存在接续关系，也可称二者的接续关系无效。类似地，对于空转铁接续，在换乘枢纽中，若某出发列车的出发时间与某进港航班的进港时间之差不小于最小换乘时间且不大于可接受的最大换乘时间，则称该航班与该列车实现一个接续；否则，二者不存在接续关系。由于航班时刻表的时间精度为 15 min，与列车时刻表的时间精度不同，因此，计算接续时间时需要统一两种运输方式的时间单位。为简化问题，在计算铁转空接续时间时，以离港航班出发时间段的开始时刻作为离港时间。比如，一列高铁到达换乘枢纽站的时间为 8:00，一架离港航班在该枢纽站的出发时间为 [9:15,9:30]，则它们之间的接续时间为 75 min（8:00 至 9:15）。同理，在计算空转铁接续时间时，以进港航班到达时间的结束时刻作为进港时间。比如，一架进港航班到达换乘枢纽站的时间为 [8:00,8:15]，一列高铁列车离开该枢纽站的时间为 9:15，则它们之间的接续时间为 60 min（8:15 至 9:15）。

在优化接续数量的同时，也应该考虑被覆盖的航班数量。需要注意的是最大化接续数量与最大化被覆盖的航班数量不完全等价。通过一个小案例可以说明这个问题，如图 4-1 所示，假设有 3 列列车，列车 1、列车 2 和列车 3，它们分别于 8:00、9:15 和 12:30 到达换乘车站。有 3 个离港航班，航班 1、航班 2 和航班 3，

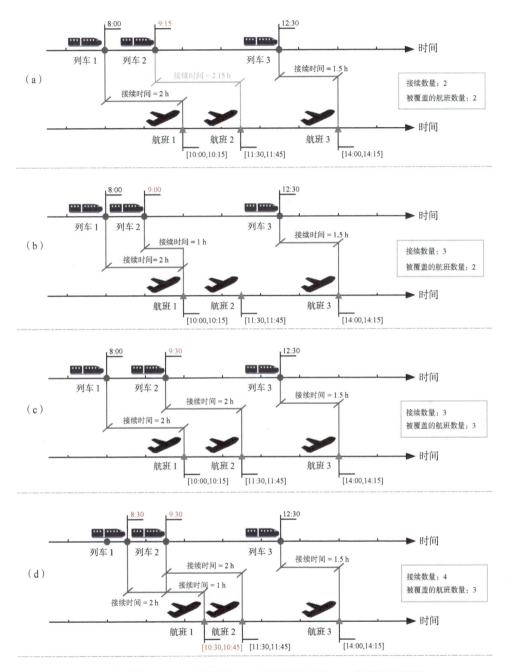

图4-1 列车和航班的时刻变化对接续数量与被服务航班数量的影响

它们分别于［10:00,10:15］、［11:30,11:45］和［14:00,14:15］离开换乘机场。假设最小换乘时间为 1 h，最大换乘时间为 2 h。在空铁换乘枢纽中，对于"铁转空"接续，图 4-1（a）展示了优化前的列车与航班时刻表。此时，该计划只有两个有效接续和两个被覆盖的航班，即列车 1 和航班 1、列车 3 和航班 3 之间的接续是有效的，被服务的航班为航班 1 和航班 3。当模型的目标为最大化接续数量时，且仅优化列车时刻表，图 4-1（b）展示了其中一个解。当第二个到达列车提前 15 min 到站，接续数量增加至 3 个，即增加了列车 2 与航班 1 的接续，而被覆盖的航班数量依旧是 2 个。图 4-1（c）展示了另一个解，此时接续数量为 3 个的同时，被覆盖的航班数量也增至 3 个，也就意味着每个航班都被列车接续了。由于高铁的座位容量比飞机大得多，因此进一步的研究动机就是覆盖之前没有被接续的航班，而不是覆盖一些已经被高铁接续的航班。所以，最大化被覆盖的航班数量被认为是另一个目标。进一步地，如果同时优化列车与航班时刻表，图 4-1（d）展示了一个解，此时通过微调列车 1、列车 2 和航班 1 在空铁换乘枢纽的到发时刻，接续数量增加至 4 个，被覆盖的航班数量为 3 个。由此可以看出，调整列车和航班时刻表能有效增加空铁联运中的接续数量和被覆盖的航班数量。

与此同时，旅客对不同的换乘时间感知有所差异。有些旅客由于公务在身，希望尽快到达目的地，因此对换乘时间要求苛刻，希望能够快速完成换乘过程；有些旅客可能更倾向于悠闲的出行，他们对换乘时间要求宽裕，愿意在排队、安检等值机过程消耗更多的等待时间，以免错过航班，甚至希望在机场进行一系列娱乐活动。因此，需要描述不同类型的旅客对空铁联运换乘过程的偏好。在下文中，引入换乘惩罚函数描述联运旅客对换乘的偏好以精细化确定列车和航班的到发时间。

4.2.2　考虑可达性的列车与航班时刻表接续方案优化模型问题描述

在模式 M2 中，空铁联运的可达性是指使用联运服务的乘客是否能够从其出发地（高铁车站/机场）到达目的地（机场/高铁车站）。模式 M2 旨在通过调整列车和航班在换乘枢纽的到发时刻增加铁路和航空线网中的可达 OD 数量，进而提高可达性。只有当列车与航班存在有效接续时，才能提供空铁联运服务。基于上文中有效接续的定义，对于"铁转空"接续，如果旅客先通过某高铁列车从出发车站到达空铁换乘枢纽，完成换乘过程，再通过接续航班到达目的机场，则称出发车站所在地和目的机场所在地组成的 OD 是"可达"的；

对于"空转铁"接续，旅客先通过某航班从出发机场到达空铁换乘枢纽，完成换乘后，再通过接续高铁列车到达目的车站，则称出发机场所在地和目的车站所在地组成的 OD 是"可达"的。

　　针对铁转空的空铁联运服务，考虑一条单向铁路的空铁联运 OD 可达性问题，车站和机场分布如图 4-2 所示。该高铁线路包括车站 A、B、C、D，其中车站 D 位于空铁换乘枢纽；有 4 个机场，包括机场 D、X、Y、Z，机场 D 位于空铁换乘枢纽。在该线路中运行 3 列列车，列车 1 始发于车站 A，经停车站 C，终到于车站 D；列车 2 始发于车站 A，经停车站 B，终到于车站 D；列车 3 始发于车站 B，终到于车站 D。它们到达换乘车站的时间分别为 12：00、13：30 和 15：00。有 4 个离港航班，均始发于机场 D，其中航班 1 和航班 4 的目的地为机场 X，航班 2 的目的地为机场 Y，航班 3 的目的地为机场 Z。假设旅客在空铁换乘枢纽内可接受的换乘时间范围为 1.5~4 h。图 4-2（a）展示了列车时刻表优化前的空铁联运可达 OD 分布，列车 1 和航班 3 的接续时间是 2.5 h，又因为列车 1 服务了车站 A 和车站 C，航班 3 服务了机场 Z，所以列车 1 与航班 3 为 OD 对 AZ 和 CZ 提供空铁联运服务。同理，列车 2 与航班 4 之间的有效接续时间为 4 h，列车 2 服务了车站 A 和车站 B，所以 AX 和 BX 是可达的。列车 3 与航班 4 之间的接续也是有效的，所以 BX 是可达的。因此在原始的运输计划中，有 4 个 OD 是可达的。如果此时列车和航班时刻表在换乘站最大允许移动的时间范围是 ±30 min，分析以下三种情况。

　　（1）固定航班时刻表，仅优化列车时刻表。优化后的时刻表如图 4-2（b）所示。列车 1 和列车 2 提前 30 min 到达换乘车站，列车 3 时刻表保持不变。此时增加了列车 1 和航班 2 的接续。同时，列车 2 和航班 4 的接续失效，列车 2 和航班 3 达成有效接续。结果为 6 个空铁联运可达 OD，包括 AY、CY、AZ、CZ、BZ 和 BX。相较于优化前增加了 2 个可达 OD。

　　（2）固定列车时刻表，仅优化航班时刻表。优化后的航班时刻表如图 4-2（c）所示。航班 2 和航班 3 晚出发 2 个时间片（30 min），航班 4 提前 30 min 出发。此时，增加了列车 1 和航班 2、列车 2 和航班 3 之间的接续。结果为 7 个空铁联运可达 OD，包括 AY、CY、AZ、CZ、AX、BZ 和 BX。相较于优化前增加了 3 个可达 OD。

　　（3）同时优化列车和航班时刻表，如图 4-2（d）所示。此时共有 8 个空铁联运可达 OD，包括 AX、CX、AY、CY、AZ、CZ、BZ 和 BX。相较于优化前增加了 3 个可达 OD。

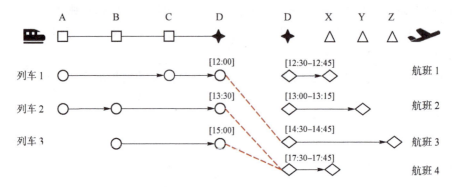

可达OD对：AZ、CZ、AX、BX

（a）初始的列车和航班时刻表

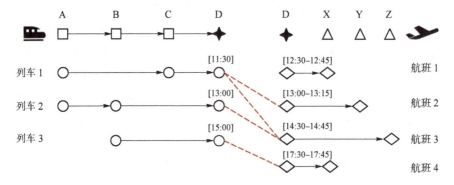

可达OD对：AY、CY、AZ、CZ、BZ、BX

（b）改进的列车时刻表和初始的航班时刻表

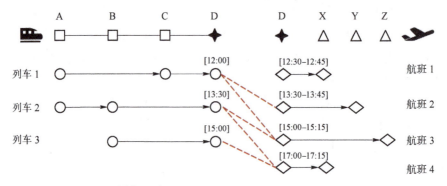

可达OD对：AY、CY、AZ、CZ、AX、BZ、BX

（c）初始的列车时刻表和改进的航班时刻表

图 4-2　列车和航班时刻表对可达性的影响

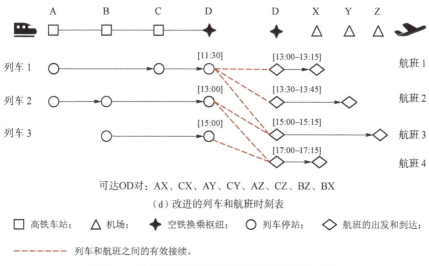

可达OD对：AX、CX、AY、CY、AZ、CZ、BZ、BX

（d）改进的列车和航班时刻表

□ 高铁车站；　△ 机场；　◆ 空铁换乘枢纽；　○ 列车停站；　◇ 航班的出发和到达；

------------ 列车和航班之间的有效接续。

图 4-2　列车和航班时刻表对可达性的影响（续）

4.3　问题假设与输入说明

4.3.1　问题假设

假设 1：不考虑高铁和航空的票额分配，即作为研究对象的任意列车和任意航班都可能产生接续关系。

假设 2：只考虑高铁的时刻表编制阶段和航空的时刻表编制阶段。

假设 3：初始高铁列车和航班时刻表已知。

假设 4：列车与航班之间的最小换乘时间和最大换乘时间已知。

假设 5：出行性质将旅客分为两类，商务旅客和休闲旅客。这两类旅客对换乘时间有不同的偏好。

假设 6：模型中只考虑了双线单向高铁线路与沿线的一个空铁换乘枢纽。该模型可以扩展应用到多个空铁换乘枢纽的案例中。

假设 7：只考虑一天内的航班与列车的接续，即不考虑跨天的接续。

4.3.2 输入与决策变量

4.3.2.1 列车时刻表

空铁联运的换乘质量只能通过参与过联运服务的列车来提高。然而，所有在目标线路运行的高铁列车，不管是否参与联运服务，它们之间由于需要保证列车之间的安全性而相互影响。另外，需要注意的是，服务航空乘客的需求并不是铁路运营者的主要目的，因此一些重要列车的时刻表不应调整，需保持不变。令 I 表示所有列车的集合（$i \in I$），这也是本章模型的优化对象。将所有列车分为三类：①第一类列车 $I^{(1)}$，这类列车在换乘枢纽停站，参与空铁联运服务；②第二类列车 $I^{(2)}$，这类列车不参与空铁联运服务，且其时刻表固定不变；③第三类列车 $I^{(3)}$，这类列车不参与空铁联运服务，但为了增加解空间，其时刻表可以轻微调整（$I=I^{(1)} \cup I^{(2)} \cup I^{(3)}$）。$I_s^{(\text{tra})}$ 表示既参与空铁联运，又在车站 s 停车的列车集合（$I_s^{(\text{tra})} \subseteq I^{(1)}$）。

令 S 表示所有车站的集合。对于每列列车 $i \in I$，$S(i)$ 表示列车 i 沿其路径经过并停站的车站集合（$S(i) \subseteq S$）。$\text{strat}(i)$ 表示列车 i 的始发站，$\text{end}(i)$ 表示列车 i 的终到站。$s+1$ 表示沿着列车线车站 s 的后续车站。为确保任意两列车之间的安全性，引入列车集合 $S'(i,j)$，表示列车 i 和 j 共同停站的车站集合（$S'(i,j) \subseteq S$）。本章研究对象为双线单向铁路，因此一些车站 $S^{(\text{H-A})}$ 为铁转空提供接续服务，另一些车站 $S^{(\text{A-H})}$ 为空转铁提供接续服务（$S^{(\text{H-A})} \subseteq S$，$S^{(\text{A-H})} \subseteq S$）。令 st 表示换乘车站（枢纽）。另外，待研究的高铁运营时间从 1 到 H，即 $h \in \{1,2,3,\cdots,H\}$，单位时间为 λ（特别地，本章认为 $\lambda=1$ min）。其他关于高铁列车时刻表的运行参数见表 4-1。

表 4-1 高铁列车时刻表的运行参数

符号	说明
$b_{i,s}$	取值为 1，表示列车 i 在车站 s 停车；取值为 0，表示列车 i 在车站 s 不停车
$r_{i,(s,s+1)}$	列车 i 在区间 $(s,s+1)$ 的最小运行时间
$\alpha_{i,s}$	列车 i 在区间 $(s,s+1)$ 的起车附加时分
$\beta_{i,s}$	列车 i 在区间 $(s,s+1)$ 的停车附加时分
$\eta_{i,(s,s+1)}$	列车 i 在区间 $(s,s+1)$ 的最小时间冗余

符号	说明
$\eta'_{i,(s,s+1)}$	列车 i 在区间 $(s,s+1)$ 的最大时间冗余
$l_{i,s}$	列车 i 在车站 s 最小停站时间
$l'_{i,s}$	列车 i 在车站 s 最大停站时间
σ_i	列车 i 相对于初始时刻表在其始发站的始发时间和在终到站的终到时间的最大允许偏移时间
$\varphi_s^{(\mathrm{dep})}$	s 站的列车最小出发追踪时间间隔
$\varphi_s^{(\mathrm{arr})}$	s 站的列车最小到达追踪时间间隔
$G_{i,s}^{(\mathrm{arr})}$	原始列车时刻表中列车 i 在车站 s 的到达时间
$G_{i,s}^{(\mathrm{dep})}$	原始列车时刻表中列车 i 在车站 s 的出发时间

高铁列车时刻表优化问题旨在确定列车在沿线车站的到发时刻，所以引入决策变量 $t_{i,s}^{(\mathrm{arr})}$ 和 $t_{i,s}^{(\mathrm{dep})}$ 表示列车 i 在车站 s 的到达时间和出发时间。为确保任意两列列车之间的安全性，引入表示两列列车之间顺序的 0-1 决策变量 $O_{i,j,s}$，若 $O_{i,j,s}=1$，说明当列车 i 在车站 s 早于列车 j 出发时，其数值为 1；否则，$O_{i,j,s}=0$。

4.3.2.2　航班时刻表

同理，空铁联运的换乘质量只能通过参与过联运服务的航班来提高。但由于参与联运服务的航班与未参与联运服务的航班之间存在相互影响，因此需要同时考虑它们的航班时刻表。服务铁路乘客的需求并不是航空公司的主要目的，因此一些重要航班的时刻表应限制调整。令 $F^{(\mathrm{dep})}$ 表示所有离港航班的集合（$p \in F^{(\mathrm{dep})}$），$F^{(\mathrm{arr})}$ 表示所有进港航班的集合（$q \in F^{(\mathrm{arr})}$）。将所有航班分为三类：①第一类离港航班 $F^{(\mathrm{dep}-1)}$ 和进港航班 $F^{(\mathrm{arr}-1)}$，这类航班参与空铁联运服务；②第二类离港航班 $F^{(\mathrm{dep}-2)}$ 和进港航班 $F^{(\mathrm{arr}-2)}$，这类航班不参与空铁联运服务，且其时刻表固定不变；③第三类离港航班 $F^{(\mathrm{dep}-3)}$ 和进港航班 $F^{(\mathrm{arr}-3)}$，这些航班不参与空铁联运服务，但为了增加解空间，其时刻表可以轻微调整（$F^{(\mathrm{dep})} = F^{(\mathrm{dep}-1)} \bigcup F^{(\mathrm{dep}-2)} \bigcup F^{(\mathrm{dep}-3)}$，$F^{(\mathrm{arr})} = F^{(\mathrm{arr}-1)} \bigcup F^{(\mathrm{arr}-2)} \bigcup F^{(\mathrm{arr}-3)}$）。

令 W 为所有离港航班 $F^{(\mathrm{dep})}$ 的目的机场集合（$w \in W$）。$F_w^{(\mathrm{dep})}$ 为参与空铁联运服务且其目的机场为 w 的离港航班集合（$F_w^{(\mathrm{dep})} \subseteq F^{(\mathrm{dep}-1)}$）。令 U 为所有进港航班 $F^{(\mathrm{arr})}$ 的始发机场集合（$u \in U$）。$F_u^{(\mathrm{arr})}$ 为参与空铁联运服务且其始发机场为 u 的进港航班集合（$F_u^{(\mathrm{arr})} \subseteq F^{(\mathrm{arr}-1)}$）。另外，待研究的航班运营时间为从第 1 到第

N 个时间片，即 $n = \{1,2,3,\cdots,N\}$，单位时间片时间长度为 μ（特别地，本章认为 $\mu = 15 \text{ min}$）。其他关于航班时刻表的运行参数见表 4-2。

表 4-2　航班时刻表的运行参数

符号	说明
$K_p^{(\text{dep})}$	原始航班时刻表中离港航班 p 在换乘枢纽的出发时间
$K_q^{(\text{arr})}$	原始航班时刻表中进港航班 q 在换乘枢纽的到达时间
$Y_n^{(\text{dep})}$	时间片 n 内可出发的最大离港航班数量
$Y_n^{(\text{arr})}$	时间片 n 内可出发的最大进港航班数量
$d_{q,p}$	取值为 1，表示当进港航班 q 与离港航班 p 在原始时刻表中存在接续关系；取值为 0，表示二者不存在接续关系
$\varepsilon_{q,p}$	最大允许进港航班 q 与离港航班 p 之间的接续时间的增量
$\xi_p^{(\text{dep})}$	离港航班 p 相对于初始时刻表从换乘枢纽机场出发时间的最大允许偏移时间
$\xi_q^{(\text{arr})}$	进港航班 q 相对于初始时刻表在换乘枢纽机场到达时间的最大允许偏移时间

航班时刻表旨在确定每个航班在机场的到发时刻，所以引入 0-1 决策变量 $x_{p,n}^{(\text{dep})}$ 和 $x_{q,n}^{(\text{arr})}$ 表示航班在枢纽机场的出发时间和到达时间。如果 $x_{p,n}^{(\text{dep})} = 1$，表示离港航班 p 在时间（片）n 出发；否则，$x_{p,n}^{(\text{dep})} = 0$。如果 $x_{q,n}^{(\text{arr})} = 1$，表示进港航班 q 在时间（片）n 到达；否则，$x_{q,n}^{(\text{arr})} = 0$。

4.3.2.3　空铁联运

令 $v^{(\text{H-A})}$ 和 $v'^{(\text{H-A})}$ 表示铁转空接续中到达列车和离港航班最小的换乘时间和最大的换乘时间。相应地，令 $v^{(\text{A-H})}$ 和 $v'^{(\text{A-H})}$ 表示空转铁接续中进港航班和出发列车最小的换乘时间和最大的换乘时间。在模型 M1 中，要额外引入关于旅客出行效用/罚值的参数。在铁转空接续中，$\gamma^{(\text{H-A,b})}$ 和 $\gamma^{(\text{H-A,le})}$ 分别模型化了商务乘客和休闲乘客在换乘时惩罚的敏感度。$\tau^{(\text{H-A,b})}$ 和 $\tau^{(\text{H-A,le})}$ 分别为商务乘客和休闲乘客的人数占比。在空转铁接续中，$\gamma^{(\text{A-H,b})}$ 和 $\gamma^{(\text{A-H,le})}$ 分别模型化了商务乘客和休闲乘客在换乘时惩罚的敏感度。$\tau^{(\text{A-H,b})}$ 和 $\tau^{(\text{A-H,le})}$ 分别为商务乘客和休闲乘客的人数占比（$\tau^{(\text{H-A,b})} + \tau^{(\text{H-A,le})} + \tau^{(\text{A-H,b})} + \tau^{(\text{A-H,le})} = 1$）。在模型 M2 中，要额外引入不同 OD 的可达性权重。令 $\delta_{s,w}^{(\text{H-A})}$ 和 $\delta_{u,s}^{(\text{A-H})}$ 分别表示铁转空接续服务的 OD 对 s、w 和

空转铁接续服务的 OD 对 u、s 的可达性权重。

引入 0-1 决策变量 $C_{i,p}^{(\mathrm{H-A})}$ 表示铁转空接续中的列车和航班的接续关系。如果 $C_{i,p}^{(\mathrm{H-A})}=1$，表示在铁空换乘枢纽中到达列车 i 与离港航班 p 之间的接续有效；$C_{i,p}^{(\mathrm{H-A})}=0$，表示接续无效。引入 0-1 决策变量 $C_{q,i}^{(\mathrm{A-H})}$ 表示空转铁接续中的航班和列车的接续关系。如果 $C_{q,i}^{(\mathrm{A-H})}=1$，表示在空铁换乘枢纽中进港航班 q 与出发列车 i 之间的接续有效；$C_{q,i}^{(\mathrm{A-H})}=0$，表示接续无效。针对模型 M1，额外引入 0-1 决策变量 $E_{p}^{(\mathrm{H-A})}$ 表示在铁转空接续中离港航班 p 是否被覆盖（被列车服务）。如果 $E_{p}^{(\mathrm{H-A})}=1$，说明离港航班 p 被列车服务了；$E_{p}^{(\mathrm{H-A})}=0$，说明离港航班 p 没有被列车服务。$E_{q}^{(\mathrm{A-H})}$ 表示在空转铁接续中进港航班 q 是否被覆盖（被列车服务）。如果 $E_{q}^{(\mathrm{A-H})}=1$，说明进港航班 q 被列车服务了；$E_{q}^{(\mathrm{A-H})}=0$，说明进港航班 q 没有被列车服务。引入决策变量 $P_{i,p}^{(\mathrm{H-A})}$ 表示反映了从列车 i 到离港航班 p 的乘客接续时间的罚值，决策变量 $P_{q,i}^{(\mathrm{A-H})}$ 表示反映了从进港航班 q 到列车 i 的乘客接续时间的罚值。针对模型 M2，额外引入 0-1 决策变量 $A_{s,w}^{(\mathrm{H-A})}$ 表示铁转空接续中 OD 对 s、w 的可达性。如果 $A_{s,w}^{(\mathrm{H-A})}=1$，说明 OD 对 s、w 是可达的；$A_{s,w}^{(\mathrm{H-A})}=0$，说明不可达。引入 0-1 决策变量 $A_{u,s}^{(\mathrm{A-H})}$ 表示空转铁接续中 OD 对 u、s 的可达性。如果 $A_{u,s}^{(\mathrm{A-H})}=1$，说明 OD 对 u、s 是可达的；$A_{u,s}^{(\mathrm{A-H})}=0$，说明不可达。

4.4　模型建立

4.4.1　考虑接续数量的列车与航班时刻表接续方案优化模型

4.4.1.1　目标函数

为提高空铁联运的换乘质量，面向客流未知的情况提出考虑接续数量的空铁联运接续方案混合整数规划模型 M1。

在模型 M1 中，主目标函数为最大化接续数量 $C_{i,p}^{(\mathrm{H-A})}$ 和 $C_{q,i}^{(\mathrm{A-H})}$。因此，模型 M1 中的第一个目标函数 $Z^{(\mathrm{M1-1})}$ 如式（4-1）所示。其中，影响空铁联运接续数量的是参与空铁联运服务的列车 $I^{(1)}$，离港航班 $F^{(\mathrm{dep-1})}$ 和进港航班 $F^{(\mathrm{arr-1})}$，因此需要对列车和航班的选择进行限定。

$$\max Z^{(\text{M1-1})} = \sum_{i \in I^{(1)}} \sum_{p \in F^{(\text{dep-1})}} C_{i,p}^{(\text{H-A})} + \sum_{q \in F^{(\text{arr-1})}} \sum_{i \in I^{(1)}} C_{q,i}^{(\text{A-H})} \qquad (4-1)$$

在最大化接续数量的基础上，考虑被覆盖的航班数量 $E_p^{(\text{H-A})}$ 和 $E_q^{(\text{A-H})}$。被覆盖的航班越多，提供的空铁联运服务越完善。因此，模型 M1 中的第二个目标函数 $Z^{(\text{M1-2})}$ 是最大化被覆盖的航班数量，如式（4-2）所示。其中，被覆盖的航班包括参与空铁联运服务的离港航班 $F^{(\text{dep-1})}$ 和进港航班 $F^{(\text{arr-1})}$。

$$\max Z^{(\text{M1-2})} = \sum_{p \in F^{(\text{dep-1})}} E_p^{(\text{H-A})} + \sum_{q \in F^{(\text{arr-1})}} E_q^{(\text{A-H})} \qquad (4-2)$$

即使列车和航班的接续关系，以及航班的覆盖度被确定了，列车 i 的旅客对换乘时间的感知也可能不同。引入换乘惩罚函数 $P_{i,p}^{(\text{H-A})}$ 和 $P_{q,i}^{(\text{A-H})}$ 描述不同类型旅客对换乘过程的偏好。因此，第三个目标函数 $Z^{(\text{M1-3})}$，即最小化旅客出行惩罚被提出，如式（4-3）所示。

$$\min Z^{(\text{M1-3})} = \sum_{i \in I^{(1)}} \sum_{p \in F^{(\text{dep-1})}} P_{i,p}^{(\text{H-A})} + \sum_{q \in F^{(\text{arr-1})}} \sum_{i \in I^{(1)}} P_{q,i}^{(\text{A-H})} \qquad (4-3)$$

4.4.1.2　高铁列车时刻表约束

1. 列车运行约束

约束（4-4）和约束（4-5）描述了所有列车 $i \in I$ 在其沿线铁路运行区间$(s, s+1)$的出发时间 $t_{i,s}^{(\text{arr})}$ 和到达时间 $t_{i,s+1}^{(\text{dep})}$ 之间的关系。在很多研究中，列车区间运行时间通常是固定不变的。然而，在某些情况下，特别是对于异质密集的线路，固定的运行时间容易导致无法产生可行解。可变的运行时间能够增加解空间。在运行区间$(s, s+1)$中，运行时间的下界包括最小运行时间 $r_{i,(s,s+1)}$、起车附加时分 $\alpha_{i,s}$、停车附加时分 $\beta_{i,s}$ 和最小时间冗余 $\eta_{i,(s,s+1)}$。为了增加列车的鲁棒性，需要考虑运行区间$(s, s+1)$中的时间冗余，由此可以吸收由于延误或者意外事件产生的干扰。运行时间的下界包括最小运行时间 $r_{i,(s,s+1)}$、起车附加时分 $\alpha_{i,s}$、停车附加时分 $\beta_{i,s}$ 和最大时间冗余 $\eta'_{i,(s,s+1)}$。$b_{i,s}$ 表示列车 i 是否在车站 s 停站。可以看出，当列车在区间两端车站停站时，区间运行时间会增加。

$$t_{i,s+1}^{(\text{arr})} - t_{i,s}^{(\text{dep})} \geq r_{i,s} + \alpha_{i,s} b_{i,s} + \beta_{i,s} b_{i,s+1} + \eta_{i,(s,s+1)} \qquad \forall i \in I, s \in S(i)/\text{end}\{i\} \quad (4-4)$$

$$t_{i,s+1}^{(\text{arr})} - t_{i,s}^{(\text{dep})} \leq r_{i,s} + \alpha_{i,s} b_{i,s} + \beta_i b_{i,s+1} + \eta'_{i,(s,s+1)} \qquad \forall i \in I, s \in S(i)/\text{end}\{i\} \quad (4-5)$$

列车停站时间应该确保安全性和有效性。所有列车 i 在车站 s 实际的停站时间 $t_{i,s}^{(\text{dep})} - t_{i,s}^{(\text{arr})}$ 应不小于最短停站时间 $l_{i,s}$，以提供足够的时间满足旅客上下车的需求；且应不大于最大停站时间 $l'_{i,s}$，以免使得列车总旅行时间过长。当列车通过车站时，则停站时间为 0。是否通过车站取决于列车 i 在车站 s 的停站方案。因此，停站约束如式（4-6）和式（4-7）所示。

$$t_{i,s}^{(\mathrm{dep})}-t_{i,s}^{(\mathrm{arr})}\geqslant l_{i,s}b_{i,s} \quad \forall i\in I,s\in S/\{\mathrm{start}(i),\mathrm{end}(i)\} \tag{4-6}$$

$$t_{i,s}^{(\mathrm{dep})}-t_{i,s}^{(\mathrm{arr})}\leqslant l_{i,s}'b_{i,s} \quad \forall i\in I,s\in S/\{\mathrm{start}(i),\mathrm{end}(i)\} \tag{4-7}$$

设置始发终到时间窗是优化调整列车时刻表的重要措施。为了调整列车时刻表，在原始时刻表的基础上，给出每列列车 i 在其始发站和终点站的最大偏移时间 σ_i。约束（4-8）保证了列车在其始发站 $\mathrm{start}(i)$ 的始发时间不早于 $G_{i,s}^{(\mathrm{dep})}-\sigma_i$ 且不晚于 $G_{i,s}^{(\mathrm{dep})}+\sigma_i$；约束（4-9）保证了列车在其终到站 $\mathrm{end}(i)$ 的终到时间不早于 $G_{i,s}^{(\mathrm{arr})}-\sigma_i$ 且不晚于 $G_{i,s}^{(\mathrm{arr})}+\sigma_i$。因为列车被分为三类，所以不同类型的列车所对应的最大偏移时间 σ_i 是不同的。另外，由于第二类列车 $I^{(2)}$ 的时刻表是不变的，所以引入约束（4-10）和约束（4-11），来保证这类列车的时刻表保持不变。

$$|G_{i,s}^{(\mathrm{dep})}-t_{i,s}^{(\mathrm{dep})}|\leqslant\sigma_i \quad \forall i\in I,s=\mathrm{start}(i) \tag{4-8}$$

$$|G_{i,s}^{(\mathrm{arr})}-t_{i,s}^{(\mathrm{dep})}|\leqslant\sigma_i \quad \forall i\in I,s=\mathrm{end}(i) \tag{4-9}$$

$$t_{i,s}^{(\mathrm{dep})}=G_{i,s}^{(\mathrm{dep})} \quad \forall i\in I^{(2)},s\in S(i) \tag{4-10}$$

$$t_{i,s}^{(\mathrm{arr})}=G_{i,s}^{(\mathrm{arr})} \quad \forall i\in I^{(2)},s\in S(i) \tag{4-11}$$

2. 逻辑关系约束

约束（4-12）说明了任意两个列车在任意区间的逻辑关系约束。如果列车 i 在车站 s 先于列车 j 出发，则 $O_{i,j,s}=1$，$O_{j,i,s}=0$。这个约束描述了列车之间的顺序，顺序变量会在列车安全约束中使用。

$$O_{i,j,s}+O_{j,i,s}=1 \quad \forall i,j\in I,i\neq j,s\in S \tag{4-12}$$

3. 列车安全约束

列车在车站要满足追踪间隔时间约束，同时不能在区间发生越行。对于列车 i 和 j，在区间 $(s,s+1)$ 中，约束（4-13）和约束（4-14）确保了任意两列列车在其共同经过的车站的出发时间之差大于等于最小出发追踪时间间隔 $\varphi_s^{(\mathrm{dep})}$。同理，约束（4-15）和约束（4-16）确保了任意两列列车在其共同经过的车站的到达时间之差大于等于最小到达追踪时间间隔 $\varphi_{s+1}^{(\mathrm{arr})}$。上述约束可以同时保证任意两列列车在区间不发生越行。M 为一个数值很大的系数，其值不小于 $H+\max(\varphi_s^{(\mathrm{dep})},\varphi_{s+1}^{(\mathrm{arr})})$。

$$t_{j,s}^{(\mathrm{dep})}-t_{i,s}^{(\mathrm{dep})}+M(1-O_{i,j,s})\geqslant\varphi_s^{(\mathrm{dep})} \quad \forall i,j\in I,i\neq j,s\in S'(i,j)/\{\mathrm{last}(i,j)\}$$

$$\tag{4-13}$$

$$t_{i,s}^{(\mathrm{dep})}-t_{j,s}^{(\mathrm{dep})}+MO_{i,j,s}\geqslant\varphi_s^{(\mathrm{dep})} \quad \forall i,j\in I,i\neq j,s\in S'(i,j)/\{\mathrm{last}(i,j)\}$$

$$\tag{4-14}$$

$$t_{j,s+1}^{(\mathrm{arr})} - t_{i,s+1}^{(\mathrm{arr})} + M(1 - O_{i,j,s}) \geqslant \varphi_{s+1}^{(\mathrm{arr})} \qquad \forall i,j \in I, i \neq j, s \in S'(i,j) / \{\mathrm{last}(i,j)\}$$

$$(4\text{-}15)$$

$$t_{i,s+1}^{(\mathrm{arr})} - t_{j,s+1}^{(\mathrm{arr})} + MO_{i,j,s} \geqslant \varphi_{s+1}^{(\mathrm{arr})} \qquad \forall i,j \in I, i \neq j, s \in S'(i,j) / \{\mathrm{last}(i,j)\} \quad (4\text{-}16)$$

4.4.1.3 航班时刻表约束

1. 航班时刻分配约束

本章不考虑在航班时刻表中加入其他航班或者删除已有航班，因此每个离港和进港航班只能且必须分配到一个时间片，如约束（4-17）和约束（4-18）所示。

$$\sum_{n \in N} x_{p,n}^{(\mathrm{dep})} = 1 \qquad \forall p \in F^{(\mathrm{dep})} \qquad (4\text{-}17)$$

$$\sum_{n \in N} x_{q,n}^{(\mathrm{arr})} = 1 \qquad \forall q \in F^{(\mathrm{arr})} \qquad (4\text{-}18)$$

基于初始航班时刻表，约束（4-19）和约束（4-20）限定了每个航班的出发时间和到达时间。已知离港航班 p 的最大允许偏移时间 $\xi_p^{(\mathrm{dep})}$，其出发时间 $\sum_{n \in N} x_{p,n}^{(\mathrm{dep})} n$ 应不早于 $K_p^{(\mathrm{dep})} - \xi_p^{(\mathrm{dep})}$ 且不晚于 $K_p^{(\mathrm{dep})} + \xi_p^{(\mathrm{dep})}$；已知进港航班 q 的最大允许偏移时间 $\xi_q^{(\mathrm{arr})}$，其到达时间 $\sum_{n \in N} x_{q,n}^{(\mathrm{arr})} n$ 应不早于 $K_q^{(\mathrm{arr})} - \xi_q^{(\mathrm{arr})}$ 且不晚于 $K_q^{(\mathrm{arr})} + \xi_q^{(\mathrm{arr})}$。其中 $K_p^{(\mathrm{dep})}$ 和 $K_q^{(\mathrm{arr})}$ 是初始时刻表离港航班 p 和进港航班 q 的出发和到达时间。另外，由于第二类航班 $F^{(\mathrm{dep}\text{-}2)}$ 和 $F^{(\mathrm{arr}\text{-}2)}$ 的时刻表保持不变，所以相应的最大允许偏移时间为 0。

$$\left| \sum_{n \in N} x_{p,n}^{(\mathrm{dep})} n - K_p^{(\mathrm{dep})} \right| \leqslant \xi_p^{(\mathrm{dep})} \qquad \forall p \in F^{(\mathrm{dep})} \qquad (4\text{-}19)$$

$$\left| \sum_{n \in N} x_{q,n}^{(\mathrm{arr})} n - K_q^{(\mathrm{arr})} \right| \leqslant \xi_q^{(\mathrm{arr})} \qquad \forall q \in F^{(\mathrm{arr})} \qquad (4\text{-}20)$$

2. 进港离港容量约束

约束（4-21）和约束（4-22）表示机场单位时间的容量约束。在每个时间片 n 内，可分配离港航班和进港航班的数量不能超过最大能力 $Y_n^{(\mathrm{dep})}$ 和 $Y_n^{(\mathrm{arr})}$。

$$\sum_{p \in F^{(\mathrm{dep})}} x_{p,n}^{(\mathrm{dep})} \leqslant Y_n^{(\mathrm{dep})} \qquad \forall n \in N \qquad (4\text{-}21)$$

$$\sum_{q \in F^{(\mathrm{arr})}} x_{q,n}^{(\mathrm{arr})} \leqslant Y_n^{(\mathrm{arr})} \qquad \forall n \in N \qquad (4\text{-}22)$$

3. 航班接续约束

为了减少对初始航班计划的影响，引入约束（4-23）和约束（4-24）确保优化后的航班时刻表中航班之间的接续关系与初始时刻表保持一致，如此可以保证飞机数量不会发生变化。引入 0-1 参数 $d_{q,p}$ 表示进港航班 q 与离港航班 p 的接续关系。在初始时刻表中，若进港航班 q 与离港航班 p 存在接续关系，$d_{q,p}=1$；否则，$d_{q,p}=0$。为了增加调整的灵活性，令存在接续的进港航班 q 与离港航班 p 之间的接续时间 $\sum_{n \in N} x_{p,n}^{(\mathrm{dep})} n - \sum_{n \in N} x_{q,n}^{(\mathrm{arr})} n$ 不能小于初始的接续时间 $K_p^{(\mathrm{dep})} - K_q^{(\mathrm{arr})}$，同时不能大于 $K_p^{(\mathrm{dep})} - K_q^{(\mathrm{arr})} + \varepsilon_{q,p}$，其中 $\varepsilon_{q,p}$ 表示航班接续时间的最大允许增量。

$$(\sum_{n \in N} x_{p,n}^{(\mathrm{dep})} n - \sum_{n \in N} x_{q,n}^{(\mathrm{arr})} n) d_{p,q} \geqslant (K_p^{(\mathrm{dep})} - K_q^{(\mathrm{arr})}) d_{p,q}$$
$$\forall p \in F^{(\mathrm{dep})}, \forall q \in F^{(\mathrm{arr})} \tag{4-23}$$

$$(\sum_{n \in N} x_{p,n}^{(\mathrm{dep})} n - \sum_{n \in N} x_{q,n}^{(\mathrm{arr})} n) d_{p,q} \leqslant (K_p^{(\mathrm{dep})} - K_q^{(\mathrm{arr})} + \varepsilon_{q,p}) d_{p,q}$$
$$\forall p \in F^{(\mathrm{dep})}, \forall q \in F^{(\mathrm{arr})} \tag{4-24}$$

4.4.1.4 空铁联运接续约束

1. 空铁联运的接续约束

对于铁转空接续，当列车 $i \in I^{(1)}$ 在空铁换乘枢纽 st 能够与离港航班 $p \in F^{(\mathrm{dep}-1)}$ 接续，即接续变量 $C_{i,p}^{(\mathrm{H-A})}=1$，则说明二者的接续时间不小于最小的换乘时间 $v^{(\mathrm{H-A})}$，且不大于最大的换乘时间 $v'^{(\mathrm{H-A})}$，否则 $C_{i,p}^{(\mathrm{H-A})}=0$。需要注意的是，由于本书的列车时刻表和航班时刻表的时间单位不同，因此需要统一单位计算接续时间。4.2.1 节中强调过，计算铁转空接续时间时，以离港航班出发时间段的开始时刻作为离港时间。将离港航班 p 的出发时间转化为 $\sum_{n \in N} x_{p,n}^{(\mathrm{dep})} (n-1) \mu / \lambda$，这可以与高铁列车的到达时间合并计算。所以，离港航班 p 与到达列车 i 的接续时间可以表示为 $\sum_{n \in N} x_{p,n}^{(\mathrm{dep})} (n-1) \mu / \lambda - t_{i,s}^{(\mathrm{arr})}$。空铁联运铁转空接续约束如式（4-25）所示。

可通过引入 M' 线性化约束（4-25），转化为约束（4-26）和约束（4-27）。如果 $\sum_{n \in N} x_{p,n}^{(\mathrm{dep})} (n-1) \mu / \lambda - t_{i,s}^{(\mathrm{arr})} < v^{(\mathrm{H-A})}$ 或者 $\sum_{n \in N} x_{p,n}^{(\mathrm{dep})} (n-1) \mu / \lambda - t_{i,s}^{(\mathrm{arr})} > v'^{(\mathrm{H-A})}$，则 $C_{i,p}^{(\mathrm{H-A})}=0$。如果 $v^{(\mathrm{H-A})} \leqslant \sum_{n \in N} x_{p,n}^{(\mathrm{dep})} (n-1) \mu / \lambda - t_{i,s}^{(\mathrm{arr})} \leqslant v'^{(\mathrm{H-A})}$，则 $C_{i,p}^{(\mathrm{H-A})}$ 的值为 0 或者 1。由于目标函数 $Z^{(\mathrm{M1-1})}$ 为最大化接续数量，因此会使得 $C_{i,p}^{(\mathrm{H-A})}$ 的值取 1。M' 为一个数值很大的系数，其值不小于 H。

$$C_{i,p}^{(\mathrm{H-A})} = \begin{cases} 1 & v^{(\mathrm{H-A})} \leqslant \sum_{n \in N} x_{p,n}^{(\mathrm{dep})} (n-1) \mu / \lambda - t_{i,s}^{(\mathrm{arr})} \leqslant v'^{(\mathrm{H-A})} \\ 0 & (\sum_{n \in N} x_{p,n}^{(\mathrm{dep})} (n-1) \mu / \lambda - t_{i,s}^{(\mathrm{arr})} < v^{(\mathrm{H-A})}) \cup \\ & (\sum_{n \in N} x_{p,n}^{(\mathrm{dep})} (n-1) \mu / \lambda - t_{i,s}^{(\mathrm{arr})} > v'^{(\mathrm{H-A})}) \end{cases}$$
$$\forall i \in I^{(1)}, \forall p \in F^{(\mathrm{dep}-1)}, s = \mathrm{st} \tag{4-25}$$

$$v^{(\text{H-A})}-M'(1-C_{i,p}^{(\text{H-A})})\leqslant \sum_{n\in N}x_{p,n}^{(\text{dep})}(n-1)\mu/\lambda-t_{i,s}^{(\text{arr})}$$

$$\forall i\in I^{(1)},\forall p\in F^{(\text{dep-1})},s=\text{st} \tag{4-26}$$

$$v'^{(\text{H-A})}+M'(1-C_{i,p}^{(\text{H-A})})\geqslant \sum_{n\in N}x_{p,n}^{(\text{dep})}(n-1)\mu/\lambda-t_{i,s}^{(\text{arr})}$$

$$\forall i\in I^{(1)},\forall p\in F^{(\text{dep-1})},s=\text{st} \tag{4-27}$$

对于空转铁接续，当进港航班 $q\in F^{(\text{arr-1})}$ 在空铁换乘枢纽 st 能够与列车 $i\in I^{(1)}$ 接续，即接续变量 $C_{q,i}^{(\text{A-H})}=1$，则说明二者的接续时间不小于最小的换乘时间 $v^{(\text{A-H})}$，且不大于最大的换乘时间 $v'^{(\text{A-H})}$，否则 $C_{q,i}^{(\text{A-H})}=0$。同理，由于本书中列车时刻表和航班时刻表的时间单位不同，因此需要统一单位计算接续时间。计算空转铁接续时间时，以进港航班到达时间段的结束时刻作为进港时间。将进港航班 q 的到达时间转化为 $\sum_{n\in N}x_{q,n}^{(\text{arr})}n\mu/\lambda$，就可以与高铁列车出发时间进行合并计算。所以，进港航班 $q\in F^{(\text{arr-1})}$ 与出发列车 $i\in I^{(1)}$ 的接续时间可以表示为 $t_{i,s}^{(\text{dep})}-\sum_{n\in N}x_{q,n}^{(\text{arr})}n\mu/\lambda$。空铁联运空转铁接续约束如式（4-28）所示。

$$C_{q,i}^{(\text{A-H})}=\begin{cases}1 & v^{(\text{A-H})}\leqslant t_{i,s}^{(\text{dep})}-\sum_{n\in N}x_{q,n}^{(\text{arr})}n\mu/\lambda\leqslant v'^{(\text{A-H})}\\0 & (t_{i,s}^{(\text{dep})}-\sum_{n\in N}x_{q,n}^{(\text{arr})}n\mu/\lambda<v^{(\text{A-H})})\cup\\ & (t_{i,s}^{(\text{dep})}-\sum_{n\in N}x_{q,n}^{(\text{arr})}n\mu/\lambda>v'^{(\text{A-H})})\end{cases}$$

$$\forall q\in F^{(\text{arr-1})},\forall i\in I^{(1)},s=\text{st} \tag{4-28}$$

可通过引入 M' 线性化约束（4-28），转化为约束（4-29）和约束（4-30）。如果 $t_{i,s}^{(\text{dep})}-\sum_{n\in N}x_{q,n}^{(\text{arr})}n\mu/\lambda<v^{(\text{A-H})}$ 或者 $t_{i,s}^{(\text{dep})}-\sum_{n\in N}x_{q,n}^{(\text{arr})}n\mu/\lambda>v'^{(\text{A-H})}$，则 $C_{q,i}^{(\text{A-H})}=0$。如果 $v^{(\text{A-H})}\leqslant t_{i,s}^{(\text{dep})}-\sum_{n\in N}x_{q,n}^{(\text{arr})}n\mu/\lambda\leqslant v'^{(\text{A-H})}$，则 $C_{q,i}^{(\text{A-H})}$ 的值为 0 或者 1。由于目标函数 $Z^{(\text{M2-1})}$ 为最大化接续数量，因此会使得 $C_{q,i}^{(\text{A-H})}$ 的值取 1。M' 为一个数值很大的系数，其值不小于 H。

$$v^{(\text{A-H})}-M'(1-C_{q,i}^{(\text{A-H})})\leqslant t_{i,s}^{(\text{dep})}-\sum_{n\in N}x_{q,n}^{(\text{arr})}n\mu/\lambda$$

$$\forall q\in F^{(\text{arr-1})},\forall i\in I^{(1)},s=\text{st} \tag{4-29}$$

$$v'^{(\text{A-H})}+M'(1-C_{q,i}^{(\text{A-H})})\geqslant t_{i,s}^{(\text{dep})}-\sum_{n\in N}x_{q,n}^{(\text{arr})}n\mu/\lambda$$

$$\forall q\in F^{(\text{arr-1})},\forall i\in I^{(1)},s=\text{st} \tag{4-30}$$

2. 航班覆盖约束

0-1 变量 $E_p^{(\text{H-A})}$ 和 $E_q^{(\text{A-H})}$ 描述的是离港航班 p 和进港航班 q 是否被接续，如果数值为 1，说明至少有一个列车与该航班接续，否则，说明该航班没有被任何列车覆盖。因此，每个离港航班 p 和进港航班 q 都应该满足约束（4-31）和约束（4-32）。只要存在列车有效接续覆盖航班 $p \in F^{(\text{dep-1})}$ 和 $q \in F^{(\text{arr-1})}$，在最大化目标函数的作用下，$E_p^{(\text{H-A})}$ 和 $E_q^{(\text{A-H})}$ 的值会取 1。

$$E_p^{(\text{H-A})} \leqslant \sum_{i \in I^{(1)}} C_{i,p}^{(\text{H-A})} \qquad \forall p \in F^{(\text{dep-1})} \tag{4-31}$$

$$E_q^{(\text{A-H})} \leqslant \sum_{i \in I^{(1)}} C_{q,i}^{(\text{A-H})} \qquad \forall q \in F^{(\text{arr-1})} \tag{4-32}$$

3. 旅客偏好约束

不同类型的旅客对换乘时间的偏好不同。前文中将旅客分为商务旅客和休闲旅客。一般而言，商务旅客倾向于较短的换乘时间，而休闲旅客则喜欢较长的换乘时间，以减少错过飞机的风险。以铁转空为例，首先引入换乘罚值变量 $P_{i,p}^{(\text{H-A})}$，描述不同接续时间对应的换乘罚值。当列车 i 与离港航班 p 之间实现一个有效接续 $C_{i,p}^{(\text{H-A})}$，列车 i 上的商务旅客对短时间的换乘不敏感，因此他们更愿意在 $\sum_{n \in N} x_{p,n}^{(\text{dep})}(n-1)\mu/\lambda - (v'^{(\text{H-A})} + v^{(\text{H-A})})/2$ 到 $\sum_{n \in N} x_{p,n}^{(\text{dep})}(n-1)\mu/\lambda - v^{(\text{H-A})}$ 之间换乘；当换乘时间超过 $(v'^{(\text{H-A})} + v^{(\text{H-A})})/2$ 时，商务旅客的换乘罚值增高，即从 $\sum_{n \in N} x_{p,n}^{(\text{dep})}(n-1)\mu/\lambda - (v'^{(\text{H-A})} + v^{(\text{H-A})})/2$ 到 $\sum_{n \in N} x_{p,n}^{(\text{dep})}(n-1)\mu/\lambda - v'^{(\text{H-A})}$，罚值以斜率 $\gamma^{(\text{b})} \times \tau^{(\text{b})}$ 增长。相反，休闲旅客更倾向于较长的换乘时间，他们愿意在 $\sum_{n \in N} x_{p,n}^{(\text{dep})}(n-1)\mu/\lambda - v'^{(\text{H-A})}$ 到 $\sum_{n \in N} x_{p,n}^{(\text{dep})}(n-1)\mu/\lambda - (v'^{(\text{H-A})} + v^{(\text{H-A})})/2$ 之间换乘，当换乘时间不超过 $(v'^{(\text{H-A})} + v^{(\text{H-A})})/2$ 时，即从 $\sum_{n \in N} x_{p,n}^{(\text{dep})}(n-1)\mu/\lambda - (v'^{(\text{H-A})} + v^{(\text{H-A})})/2$ 到 $\sum_{n \in N} x_{p,n}^{(\text{dep})}(n-1)\mu/\lambda - v^{(\text{H-A})}$，其换乘罚值逐渐增加。由此引入一个连续非负变量 $P_{i,p}^{(\text{H-A})}$ 描述该换乘罚值。式（4-33）至式（4-35）为铁转空接续中的旅客换乘罚值约束。

$$P_{i,p}^{(\text{H-A})} \geqslant \gamma^{(\text{H-A,b})} \times \tau^{(\text{H-A,b})} \times \left[\left(\sum_{n \in N} x_{p,n}^{(\text{dep})}(n-1)\mu/\lambda - (v'^{(\text{H-A})} + v^{(\text{H-A})})/2 \right) - t_{i,s}^{(\text{arr})} \right] - (1 - C_{i,p}^{(\text{H-A})}) \times M''$$

$$\forall i \in I^{(1)}, \forall p \in F^{(\text{dep-1})}, s = \text{st} \tag{4-33}$$

$$P_{i,p}^{(\text{H-A})} \geqslant \gamma^{(\text{H-A},le)} \times \tau^{(\text{H-A},le)} \times \left[t_{i,s}^{(\text{arr})} - \left(\sum_{n \in N} x_{p,n}^{(\text{dep})}(n-1)\mu/\lambda - (v'^{(\text{H-A})} + v^{(\text{H-A})})/2 \right) \right] - (1 - C_{i,p}^{(\text{H-A})}) \times M''$$

$$\forall i \in I^{(1)}, \forall p \in F^{(\text{dep-1})}, s = \text{st} \tag{4-34}$$

$$P_{i,p}^{(\text{H-A})} \geqslant 0 \qquad \forall i \in I^{(1)}, \forall p \in F^{(\text{dep-1})} \tag{4-35}$$

约束（4-33）中，$\gamma^{(\mathrm{H\text{-}A,b})}$ 模型化了商务旅客在换乘时惩罚的敏感度，$\tau^{(\mathrm{H\text{-}A,b})}$ 表示商务旅客的人数占比；约束（4-34）中，$\gamma^{(\mathrm{H\text{-}A,le})}$ 模型化了休闲旅客在换乘时惩罚的敏感度，$\tau^{(\mathrm{H\text{-}A,le})}$ 表示休闲乘客的人数占比。需要注意的是，时刻表的调整实际受到 $(\gamma^{(\mathrm{H\text{-}A,b})}\times\tau^{(\mathrm{H\text{-}A,b})})/(\gamma^{(\mathrm{H\text{-}A,le})}\times\tau^{(\mathrm{H\text{-}A,le})})$ 的比值的影响，因此这里 $\gamma^{(\mathrm{H\text{-}A,b})}$ 和 $\gamma^{(\mathrm{H\text{-}A,le})}$ 的数值取 0 到 1 之间。对于一个有效接续 $C_{i,p}^{(\mathrm{H\text{-}A})}$，两类旅客的出行换乘罚值可构成一个 V 型分段函数，如图 4-3 所示。M'' 为一个数值很大的系数，其值不小于 $H\times\max\ (\gamma^{(\mathrm{H\text{-}A,b})}\times\tau^{(\mathrm{H\text{-}A,b})},\ \gamma^{(\mathrm{H\text{-}A,le})}\times\tau^{(\mathrm{H\text{-}A,le})})$。

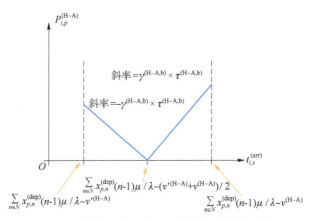

图 4-3　铁转空接续中 V 型分段换乘惩罚函数

类似地，在空转铁接续中，当进港航班 q 与列车 i 实现一个有效接续 $C_{q,i}^{(\mathrm{A\text{-}H})}$ 时，列车 i 上的休闲旅客对短时间的换乘不敏感，他们愿意在 $\sum_{n\in N}x_{q,n}^{(\mathrm{arr})}n\mu/\lambda+v^{(\mathrm{A\text{-}H})}$ 到 $\sum_{n\in N}x_{q,n}^{(\mathrm{arr})}n\mu/\lambda+(v^{(\mathrm{A\text{-}H})}-v'^{(\mathrm{A\text{-}H})})/2$ 之间换乘，当换乘时间超过 $(v^{(\mathrm{A\text{-}H})}-v'^{(\mathrm{A\text{-}H})})/2$ 时，换乘罚值逐渐升高。相反，休闲旅客希望相对较长的换乘时间，他们愿意在 $\sum_{n\in N}x_{q,n}^{(\mathrm{arr})}n\mu/\lambda+(v^{(\mathrm{A\text{-}H})}-v'^{(\mathrm{A\text{-}H})})/2$ 到 $\sum_{n\in N}x_{q,n}^{(\mathrm{arr})}n\mu/\lambda+v'^{(\mathrm{A\text{-}H})}$ 之间换乘，当换乘时间不超过 $(v^{(\mathrm{A\text{-}H})}-v'^{(\mathrm{A\text{-}H})})/2$ 时，换乘罚值随着换乘时间的缩短而逐渐减少。由此引入一个连续非负变量 $P_{q,i}^{(\mathrm{A\text{-}H})}$ 描述该换乘罚值。式（4-36）至式（4-38）为空转铁接续中的旅客换乘罚值约束。

约束（4-36）中，$\gamma^{(\mathrm{A\text{-}H,b})}$ 和 $\gamma^{(\mathrm{A\text{-}H,le})}$ 分别模型化了商务旅客和休闲旅客在换乘时惩罚的敏感度。$\tau^{(\mathrm{A\text{-}H,b})}$ 和 $\tau^{(\mathrm{A\text{-}H,le})}$ 分别为商务旅客和休闲旅客的人数占比。两类旅客出行换乘罚值构成的 V 型分段函数如图 4-4 所示。M''' 为一个数值很大的系数，其值不小于 $H\times\max\ (\gamma^{(\mathrm{A\text{-}H,b})}\times\tau^{(\mathrm{A\text{-}H,b})},\ \gamma^{(\mathrm{A\text{-}H,le})}\times\tau^{(\mathrm{A\text{-}H,le})})$。

$$P_{q,i}^{(A-H)} \geqslant \gamma^{(A-H,b)} \times \tau^{(A-H,b)} \times [t_{i,s}^{(dep)} - (\sum_{n \in N} x_{q,n}^{(arr)} n\mu/\lambda + (v'^{(A-H)} - v^{(A-H)})/2)] -$$

$$(1 - C_{q,i}^{(A-H)}) \times M'''$$

$$\forall q \in F^{(arr-1)}, \forall i \in I^{(1)}, s = st \qquad (4-36)$$

$$P_{q,i}^{(A-H)} \geqslant \gamma^{(A-H,le)} \times \tau^{(A-H,le)} \times [(\sum_{n \in N} x_{q,n}^{(arr)} n\mu/\lambda + (v'^{(A-H)} - v^{(A-H)})/2) - t_{i,s}^{(dep)}] -$$

$$(1 - C_{q,i}^{(A-H)}) \times M'''$$

$$\forall q \in F^{(arr-1)}, \forall i \in I^{(1)}, s = st \qquad (4-37)$$

$$P_{q,i}^{(A-H)} \geqslant 0 \quad \forall q \in F^{(arr-1)}, \forall i \in I^{(1)} \qquad (4-38)$$

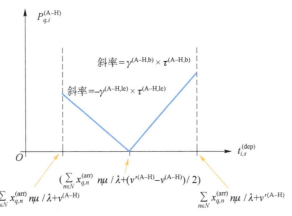

图 4-4 空转铁接续中 V 型分段换乘惩罚函数

4.4.1.5 考虑接续数量的空铁联运列车与航班时刻表优化模型

综上，模型 M1 的完整表达形式为：

$$\begin{cases} \max Z^{(M1-1)} \\ \max Z^{(M1-2)} \\ \min Z^{(M1-3)} \\ \text{约束：式}(4-4)\text{至式}(4-24),\text{式}(4-26),\text{式}(4-27),\text{式}(4-29)\text{至式}(4-38) \end{cases}$$

4.4.1.6 模型求解

优先级法是多目标数学规划模型的一种常见求解方法，其思想是将多个目标函数按照各自的重要程度和优先级别，针对优先级别高的目标逐个进行求解，适用于较容易划分目标函数优先级别的多目标优化模型。模型 M1 是一个混合整数规划多目标模型，涉及三个目标函数。其目标函数中，最大化接续数量 $Z^{(M1-1)}$ 的优先级最高，最大

化航班覆盖数量 $Z^{(\text{M1-2})}$ 次之，最小化旅客换乘罚值 $Z^{(\text{M1-3})}$ 优先级最低。因此，采用优先级法对模型 M1 进行求解，即基于三个目标函数，划分成三个子模型分别求解，得到多目标优化模型的最优解。每个子模型都可使用商业软件 CPLEX 求解。

（1）提出以最大化 $Z^{(\text{M1-1})}$ 为目标的模型 M1-1。

目标函数：max $Z^{(\text{M1-1})}$

约束：式（4-4）至式（4-24），式（4-26），式（4-27），式（4-29）至式（4-30）

输出：C（最大接续数量）

当最大接续数量得到后，可增加约束（4-39）来确定最大接续数量：

$$C = \sum_{i \in I^{(1)}} \sum_{p \in F^{(\text{dep-1})}} C_{i,p}^{(\text{H-A})} + \sum_{q \in F^{(\text{arr-1})}} \sum_{i \in I^{(1)}} C_{i,p}^{(\text{A-H})} \qquad (4-39)$$

（2）基于模型 M1-1 的结果，提出以最大化 $Z^{(\text{M1-2})}$ 为目标的模型 M1-2。

目标函数：max $Z^{(\text{M1-2})}$

约束：式（4-4）至式（4-24），式（4-26），式（4-27），式（4-29）至式（4-32），式（4-39）

输出：E（最大航班覆盖数量）

当最大航班覆盖数量得到后，可增加约束（4-40）以固定最大航班覆盖数量：

$$E = \sum_{p \in F^{(\text{dep-1})}} E_p^{(\text{H-A})} + \sum_{q \in F^{(\text{arr-1})}} E_q^{(\text{A-H})} \qquad (4-40)$$

（3）基于模型 M1-2 的结果，提出以最小化 $Z^{(\text{M1-3})}$ 为目标的模型 M1-3。

目标函数：min $Z^{(\text{M1-3})}$

约束：式（4-4）至式（4-24），式（4-26），式（4-27），式（4-29）至式（4-40）

输出：P（最小换乘罚值）和优化后的列车和航班时刻表。

4.4.2　考虑可达性的列车与航班时刻表接续方案优化模型

4.4.2.1　目标函数

为提高空铁联运的客流 OD 覆盖范围，面向客流已知的情况提出最大化可达性的空铁联运接续方案整数规划模型 M2。

模型 M2 中，主目标函数为最大化 OD 可达数量。提出 0-1 决策变量 $A_{s,w}^{(\text{H-A})}$ 和 $A_{u,s}^{(\text{A-H})}$。在空铁联运路网中，对于铁转空接续，若 $A_{s,w}^{(\text{H-A})}$ 的值为 1，表示车站 s 所在地与机场 w 所在地组成的 OD 可达；若变量的值为 0，表示该 OD 不可达。

同理，对于空转铁接续，若 $A_{u,s}^{(A-H)}$ 的值为 1，表示机场 u 所在地与车站 s 所在地组成的 OD 可达；若变量的值为 0，表示该 OD 不可达。另外，需要注意的是，模型 M2 的目标不仅考虑了可达 OD 对的数量，还考虑了相应的权重。每个 OD 对的权重都设置为预测 OD 需求占总需求量的比例。通常，在城市轨道交通网络或高铁网络中，获取每个 OD 对的客流数据要容易得多。然而，根据实际的经验，联运规划人员和研究人员很难获得具有足够精度的空铁联运 OD 客流数据。因此，本书采用文献 [17] 提出的方法，获取每个 OD 的空铁联运服务的市场份额，并根据总预测需求计算相应 OD 空铁联运乘客数量。当然，如果在未来，可以获得精确的实际换乘客流数据，很容易在模型中应用这些数据。引入 $\delta_{s,w}^{(H-A)}$ 和 $\delta_{u,s}^{(A-H)}$ 分别表示铁转空接续服务的 OD 对 s、w 和空转铁接续服务的 OD 对 u、s 的可达性权重。因此，模型 M2 中的第一个目标函数 $Z^{(M2-1)}$ 如式（4-41）所示。

$$\max Z^{(M2-1)} = \sum_{s \in S^{(H-A)}} \sum_{w \in W} \delta_{s,w}^{(H-A)} A_{s,w}^{(H-A)} + \sum_{u \in U} \sum_{s \in S^{(A-H)}} \delta_{u,s}^{(A-H)} A_{u,s}^{(A-H)} \quad (4-41)$$

在优化空铁联运 OD 可达性时，为了保持时刻表的稳定性、减少对既有时刻表的调整，以最小化时刻表调整作为第二个目标 $Z^{(M2-2)}$。考虑所有列车 I、离港航班 $F^{(dep)}$ 和进港航班 $F^{(arr)}$ 的偏移时间，每列列车 i 的偏移时间包括在始发站 $s = \text{strat}(i)$ 的始发偏移时间 $|t_{i,s}^{(dep)} - G_{i,s}^{(dep)}|$ 和在终到站 $s = \text{end}(i)$ 的终到偏移时间 $|t_{i,s}^{(arr)} - G_{i,s}^{(arr)}|$，并取其平均值为高铁 i 的偏移时间。每个离港航班 p 的偏移时间为 $\left|\sum_{n \in N} x_{p,n}^{(dep)} n - K_p^{(dep)}\right| \mu/\lambda$，每个进港航班 q 的偏移时间为 $\left|\sum_{n \in N} x_{q,n}^{(arr)} n - K_q^{(arr)}\right| \mu/\lambda$。因此，模型 M2 中的第二个目标函数 $Z^{(M2-2)}$ 如式（4-42）所示。

$$\min Z^{(M2-2)} = \sum_{i \in I} \left(|t_{i,s}^{(dep)} - G_{i,s}^{(dep)}| + |t_{i,s}^{(arr)} - G_{i,s}^{(arr)}| \right)/2 +$$
$$\sum_{p \in F^{(dep)}} \left|\sum_{n \in N} x_{p,n}^{(dep)} n - K_p^{(dep)}\right| \mu/\lambda + \sum_{q \in F^{(arr)}} \left|\sum_{n \in N} x_{q,n}^{(arr)} n - K_q^{(arr)}\right| \mu/\lambda$$

$$(4-42)$$

4.4.2.2 可达性约束

模型 M2 中同样需要满足列车时刻表约束（4-4）至约束（4-16），航班时刻表约束（4-17）至约束（4-24）。在满足空铁联运接续约束的条件下，本模型额外引入可达性约束。

1. 铁转空可达性约束

对于车站 s 所在地与机场 w 所在地组成的 OD，如果该 OD 可达，则需要满足三个条件：① 由在空铁换乘枢纽停站、且在 $s \in S^{(H-A)}$ 停站的列车 $i \in I_s^{(tra)}$ 服务；② 由终到机场是 w 的航班 $p \in F_w^{(dep)}$ 服务；③ 列车 $i \in I_s^{(tra)}$ 与航班 $p \in F_w^{(dep)}$ 的接续时间满足约束（4-26）和约束（4-27）。所以，只要存在同时满足上述三个条件

的列车 i 和航班 p（即 $\sum\limits_{i \in I_s^{(\mathrm{T})}} \sum\limits_{p \in F_w^{(\mathrm{L})}} C_{i,p}^{(\mathrm{H-A})} \geqslant 1$），则可以保证 $A_{s,w}^{(\mathrm{H-A})}$ 取值为 1。可通过约束（4-43）表达 OD 可达性变量 $A_{s,w}^{(\mathrm{H-A})}$ 与接续变量 $C_{i,p}^{(\mathrm{H-A})}$ 之间的关系：

$$A_{s,w}^{(\mathrm{H-A})} = \begin{cases} 1 & \sum\limits_{i \in I_s^{(\mathrm{tra})}} \sum\limits_{p \in F_w^{(\mathrm{dep})}} C_{i,p}^{(\mathrm{H-A})} \geqslant 1 \\ 0 & \sum\limits_{i \in I_s^{(\mathrm{tra})}} \sum\limits_{p \in F_w^{(\mathrm{dep})}} C_{i,p}^{(\mathrm{H-A})} = 0 \end{cases} \quad \forall s \in S^{(\mathrm{H-A})}, w \in W \quad (4\text{-}43)$$

因为目标函数为最大化可达 OD 数量，上式可以等价地写成约束（4-44）。只要该 OD 被所有参与联运服务的列车和航班服务过一次，即说明可达。

$$A_{s,w}^{(\mathrm{H-A})} \leqslant \sum\limits_{i \in I_s^{(\mathrm{tra})}} \sum\limits_{p \in F_w^{(\mathrm{dep})}} C_{i,p}^{(\mathrm{H-A})} \quad \forall s \in S^{(\mathrm{H-A})}, w \in W \quad (4\text{-}44)$$

2. 空转铁可达性约束

在空转铁接续约束的基础上，引入可达性约束。如果由机场 u 所在地与车站 s 所在地组成的 OD 可达，则也需要满足以下三个条件：①由始发机场是 u 的航班 $q \in F_u^{(\mathrm{arr})}$ 服务；②由在空铁换乘枢纽停站，且在 $s \in S^{(\mathrm{A-H})}$ 停站的列车 $i \in I_s^{(\mathrm{tra})}$ 服务；③航班 $q \in F_u^{(\mathrm{arr})}$ 与列车 $i \in I_s^{(\mathrm{tra})}$ 的接续时间满足约束（4-29）和约束（4-30）。约束（4-45）表示了可达变量 $A_{u,s}^{(\mathrm{A-H})}$ 与接续变量 $C_{q,i}^{(\mathrm{A-H})}$ 之间的关系：

$$A_{u,s}^{(\mathrm{A-H})} = \begin{cases} 1 & \sum\limits_{q \in F_u^{(\mathrm{arr})}} \sum\limits_{i \in I_s^{(\mathrm{tra})}} C_{q,i}^{(\mathrm{A-H})} \geqslant 1 \\ 0 & \sum\limits_{q \in F_u^{(\mathrm{arr})}} \sum\limits_{i \in I_s^{(\mathrm{tra})}} C_{q,i}^{(\mathrm{A-H})} = 1 \end{cases} \quad \forall s \in S^{(\mathrm{A-H})}, u \in U \quad (4\text{-}45)$$

上式可以等价地写成式（4-46）：

$$A_{u,s}^{(\mathrm{A-H})} \leqslant \sum\limits_{q \in F_u^{(\mathrm{arr})}} \sum\limits_{i \in I_s^{(\mathrm{tra})}} C_{q,i}^{(\mathrm{A-H})} \quad \forall s \in S^{(\mathrm{A-H})}, u \in U \quad (4\text{-}46)$$

4.4.2.3 考虑可达性的空铁联运列车与航班时刻表优化模型

综上，模型 M2 的完整表达形式为：

$$\begin{cases} \max Z^{(\mathrm{M2-1})} \\ \min Z^{(\mathrm{M2-2})} \\ \text{约束：式(4-4)至式(4-24),式(4-26),式(4-27),式(4-29),式(4-30),} \\ \quad \text{式(4-44),式(4-46)} \end{cases}$$

4.4.2.4 模型求解

模型 M2 属于多目标整数规划模型，仍采用优先级法。目标函数最大化可达

OD 数量 $Z^{(M2-1)}$ 的优先级高于最小化列车时刻表和航班时刻表的时间偏移 $Z^{(M2-2)}$。将模型 M2 拆分成两个子模型分别求解。每个子模型都可使用商业软件 CPLEX 求解。

（1）提出以最大化 $Z^{(M2-1)}$ 为目标的模型 M2-1。

目标函数：max $Z^{(M2-1)}$

约束：式（4-4）至式（4-24），式（4-26），式（4-27），式（4-29），式（4-30），式（4-44）和式（4-46）

输出：A（最大接续数量）

当最大接续数量得到后，可增加约束（4-47）以固定最大接续数量：

$$A = \sum_{s \in S^{(H-A)}} \sum_{w \in W} A_{s,w}^{(H-A)} + \sum_{u \in U} \sum_{s \in S^{(A-H)}} A_{u,s}^{(A-H)} \tag{4-47}$$

（2）基于模型 M2-1 的结果，提出以最小化 $Z^{(M2-2)}$ 为目标的模型 M2-2。

目标函数：min $Z^{(M2-2)}$

约束：式（4-4）至式（4-24），式（4-26），式（4-27），式（4-29），式（4-30），式（4-44），式（4-46），式（4-47）

输出：A（最大接续数量）和优化后的列车与航班时刻表。

4.5　本章小结

本章基于上一阶段定量选择的空铁联运换乘枢纽，提出空铁联运时间接续方案优化设计。考虑到部分高铁线路能力饱和以及历史航班时刻优先原则，空铁联运的时间接续方案应基于既有的列车与航班时刻表进行设计。总结分析空铁联运时间接续方案的编制特点及 5 个评价指标，分别为接续数量、航班覆盖数量、旅客换乘罚值、可达性以及时刻表偏移。本章根据联运部门客流掌握程度，提出两个模型，一是考虑接续数量的列车与航班时刻表接续方案优化模型 M1，二是考虑可达性的列车与航班时刻表接续方案优化模型 M2。采用增量优化的思想，以既有的运输计划为基础，通过微调列车和航班的到发时刻，构建数学规划模型，以提高空铁联运服务质量。两个模型除了满足列车和航班的基本运行约束，模型 M1 还需满足接续约束、航班覆盖约束和旅客换乘偏好约束；模型 M2 还需满足接续约束和可达性约束。当联运部门无法获得有效空铁联运客流数据时，可采用模型 M1 优化；若联运部门能够获得准确客流数，则可采用模型 M2。采用优先级方法处理多目标规划问题。本章提出的两个模型能够有效提高空铁联运换乘服务质量。

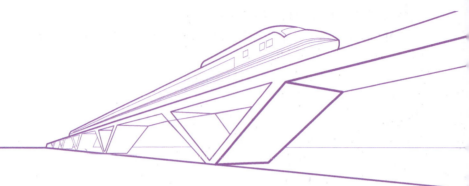

5　基于动车组交路计划的
空铁联运接续方案优化模型

第4章通过调整列车与航班时刻表优化空铁联运的接续方案。然而，在空铁联运接续方案的制订过程中，尽管通过调整列车时刻表能够改善联运服务质量，但列车运行时刻的调整可能改变动车组接续时间，导致动车组交路计划发生变化，进而使计划不可行或者增加运营成本。为了提高空铁联运接续方案的可行性，本章从铁路运输组织的角度出发，提出基于动车组交路计划的空铁联运接续方案优化模型。在铁路运输组织中，高铁列车时刻表与动车组运用计划是两个核心环节。常规情况下二者是分开编制的，即先编制时刻表，再编制动车组运用计划，但这种规划过程可能不会产生一个全局较优的解。所以，在固定航班时刻表的条件下，本章同时优化列车时刻表与动车组交路计划，采用多商品网络流（multi-commodity network flow）的建模思路，设计空铁联运时间接续方案，并应用拉格朗日松弛技术解决该模型。

5.1　问题描述

5.1.1　动车组运用计划研究现状

动车组运用计划包括动车组交路计划、检修计划和分配计划，编制结果直接影响动车组的运用效率和经济效益。因此，国内外有大量学者对动车组运用计划进行了长期研究。

国外学者结合各国动车组运用计划的特点优化编制方案。在实际的铁路运营中，欧洲部分国家的动车组可以在车站进行编组作业，比如荷兰的城际线路3000系列，北起登海尔德，南至奈梅亨，途径多个城市，包括阿姆斯特丹，原则上3000系列的列车能在阿姆斯特丹站和奈梅亨站进行解编和重连作业。这种情况使得提供每次行程的车辆容量与乘客的交通需求的匹配度存在较大的优化空间。因此，很多国外学者重点研究了基于灵活编组的列车组分配优化，以满足客运需求并降低运营成本。Abbink 等[118]针对早高峰运力不足的问题，考虑灵活编组，建立以座位短缺最小化为目标的动车组分配计划整数规划模型，采用 CPLEX 进行求解，以荷兰某都市区的铁路网作为研究案例，结果表明模型的最优分配比人工计划的分配更有效。Alfieri 等[119]以最大限度地减少铁路线路所需的不同类型的列车组数量为目标，提出了一种基于多商品流模型的建模方法和求解算法，并将其应用于荷兰的实际案例。Maróti[120]详细介绍了荷兰动车组的实际运营情况，并从计划层面、运营层面和调度层面三个方面详细地研究了动车组分配计划和动车组检修计划，建立了相关的优化模型，设计了求解方法。Hong 等[121]考虑检修约束，提出两阶段法铺画一周内以使用车底数量最少为目标的动车组交路计划模型。Tsuji 等[122]采用蚁群算法求解定期检修条件下的动车组运用计划，并引入局部搜索法提高蚁群算法的求解效率。Cacchiani 等[123]提出了基于拉格朗日松弛技术的启发式算法求解动车组分配问题，相较于之前的研究，可在短时间内求解大规模案例。Thorlaeius 等[124]认为目前编制动车组运用计划的流程可能会导致无解，因此提出一体化的编制方法，采用爬山算法求解，并以哥本哈根市郊铁路路网为背景进行案例分析。该启发式算法能够以平均 2%的速度提高动车组运用计划的经济吸引力。Lusby 等[125]构建了一个基于路径表达的数学规划模型以描述扰动条件下的动车组分配计划，并使用分支定界法求解，以哥本哈根郊区铁路运营商 DSBS-tog 提供的实际案例为研究对象。

国内学者对运用计划的研究也在逐渐丰富，研究结合国内铁路运营特点考虑了动车组运用模式和检修制度来编制优化方案。当前我国高铁运营里程总和世界第一，且存在大量长距离运营线路，同时客流需求时空分布复杂，不同线路的时刻表结构差异大，为动车组运用计划提出新的挑战。在高铁发展初期阶段，不少学者针对动车组运用方式做出理论研究。赵鹏等[126]结合中国铁路的运营情况，分析了不同动车组运用方式的特点，认为不固定区段使用动车组能够提高运用效率。兰淑梅[127]提出动车组应该采用闭环运转交路、不固定区段使用，长短编组

的动车组既应该固定其交路，又应考虑灵活性。赵鹏等[128]介绍了动车组运用计划的意义、定义、约束条件、种类以及方案的评价准则，提出邻域搜索法求解模型。随着高铁路网不断扩大、技术不断发展，学者们面对更多的动车组运用计划问题，不断采取精细化的建模求解。佟璐等[129]考虑了检修里程约束，提出多目标动车组运用优化模型，采用蚁群算法求解，并以武广高铁为案例进行分析。王莹等[130]以待检动车组的运用效率最大化为优化目标，考虑交路段、进行检修和等待检修3种状态，构建动车组检修计划优化模型，并针对决策变量数远大于约束条件数量的特点设计了分支定价法。王忠凯等[131]在给定动车组交路的情况下，以减少动车组使用数量、降低检修成本为优化目标，构建动车组运用计划和检修计划的一体化模型，并设计模拟退火算法进行求解。陈然等[132]提出网络化动车组运用计划图，建立以动车组使用数目最少为最优目标、检修次数最少为次优目标的动车组运用计划双目标规划优化模型，并设计基于专家系统的蚁群算法对模型求解。周宇[133]以高速铁路成网为研究背景，详细地介绍了动车组运用及检修方式和运用计划编制的理论方法。针对异地检修、网络条件和考虑枢纽内站间调拨三类场景优化设计动车运用计划。Wang等[134]考虑了维修时间和维修里程约束，提出了以两天为周期的动车组路径模型，并提出了减小接续网络规模的策略以提高模型的可解性。

近年来，列车时刻表与动车组运用计划一体化编制逐渐成为热点。Cadarso等[135]研究了干扰条件下，结合需求变化，在密集客运铁路网中的综合优化列车时刻表和动车组运用计划的调度管理问题。Veelenturf等[136]同样研究了考虑旅客需求变化的动车组运用与列车时刻表一体化的调度问题，但时刻表的决策体现为是否在通常不会停靠的站点上增加停靠次数，提出启发式方法求解，并应用于荷兰铁路网。Yue等[137]面对城市轨道动车组运用与列车时刻表的综合优化问题，采用基于模拟退火（SA）的启发式算法求解该模型并生成近似最优解，并以北京十条线构成的路网为例，得出使用该方法比使用CPLEX的计算速度提升了14%以上。Xu等[138]基于时空状态三维网络构建了列车时刻表与机车配属一体化模型，采用拉格朗日松弛技术求解。类似地，Chen等[139]也基于时空状态三维网络构建动车组运用与列车时刻表综合优化模型，采用蚁群算法求解。Yin等[140]以旅客总等待时间和加权列车总出行时间最小为目标，优化设计了响应需求的周期性综合优化模型，并提出了一种三阶段启发式算法。Liao等[141]同时考虑了基础设施资源和车辆资源，基于混合时空网络面向铁路能力建立了时刻表和动车组运用计划一体化模型。

尽管当前学者对动车组运用计划进行了广泛的研究，但缺少考虑动车组交路计划的空铁联运接续方案优化设计。既有研究主要以动车组的运用效率、运营成本、旅客需求等为目标，均以铁路内部最优构建相关模型，但是没有同时兼顾考虑空铁联运接续数量，无法计算运力资源约束下空铁联运接续数量的最高水平，对联运产品的实际应用具有局限性。因此，接续优化方案设计除了需要处理时刻表与动车组交路优化的常规问题，还需要考虑列车与航班的接续关系，探索灵活动车组接续条件下空铁联运接续数量与动车组数量的潜在关系。

5.1.2 基于空铁联运的列车时刻表与动车组交路计划协同优化

第4章的内容表明，列车时刻表确定了列车在空铁联运枢纽的到发时刻，从而决定列车和航班的接续时间和接续数量。但是，在铁路运输组织过程中，高铁列车时刻表与动车组运用计划息息相关，其中，动车组交路计划更是直接与时刻表密不可分。列车在车站的到发时刻影响着动车组之间的接续关系，微小的改变可能导致动车组接续时间不可行，继而增加所需动车组数量，提高运营成本。因此，为了保证铁路系统和空铁联运的效益，有必要进一步探索铁路运营成本与空铁联运服务质量之间的关系。

动车组交路计划，也称"rolling stock planning""train unit routing"等，是动车运用计划的重要环节。该计划是指在规定时间范围内或路网范围内，满足动车组之间的接续条件、检修能力等约束，以使用的动车组数量最少、满足旅客座席的需求数量最大、运营成本最少等目标，将时刻表规定的所有列车运行任务分配至动车组。通常情况下，每个动车组应从其检修基地（动车段/动车运用所）附近的车站出发，按计划执行不同列车运行任务，不同运行任务之间需要满足列车的接续时间约束，完成运输任务后，返回规定的检修基地。列车时刻表的编制过程已在第4章内容展示。

列车时刻表与动车组交路计划的协同优化则是同时决定列车在沿线车站的到发时刻和如何将这些运行任务分配至动车组。二者的编制结果相互作用，一方面，列车时刻表中列车的时空分布影响着运行任务之间的接续关系，从而影响动车组的运用效率；另一方面，现存动车组的数量、动车段所的位置分布以及接续时间要求等因素也约束着列车运行线的铺画。考虑到实际编制过程中及计算过程中的可操作性和复杂度，本书对一组初始的高铁列车时刻表与动车组交路计划进行优化，基于给定的航班时刻表、初始时刻表中的开行方案、始发终到时间窗、列车运行参数（区间运行时间、停站时间、列车追踪间隔时间等）、动车组接续时间、动车组检修基地以及空铁联运接续时间，通过灵活调整动车组接续关系以及列车到发时刻，计算得到时刻表、动车组交路计划和空铁联运接续数量。

5.1.3　影响因素分析

高铁运力资源约束下的接续方案优化需要考虑以下影响因素。

（1）编制目标。对于列车时刻表问题，传统的优化编制目标包括铁路系统的稳定性、鲁棒性、能力利用、效率、弹性、能耗等；对于动车组交路计划，优化编制目标包括运营成本最小、满足需求最大等。面向空铁联运的接续方案优化则需要兼顾联运的运营特点，在避免使用过多动车组数量的基础上，提高空铁联运服务水平，如增加列车与航班的接续数量。

（2）列车开行方案。作为铁路运输组织中基础的计划，开行方案确定了列车的路径、起讫点、停站模式等关键要素，既决定了列车在物理网和服务网的空间分布、换乘枢纽的服务频率，也影响着动车组的使用数量，是编制时间接续方案的基础条件。

（3）列车在车站的到发时间窗。列车在车站到发时刻的时间窗是影响列车时刻表编制的重要因素。时间窗的设置与空铁联运产品设计、铁路运输组织过程的多个环节紧密相连。首先，列车时间窗的大小直接决定了列车时刻表的解空间大小，进而影响求解算法的设计和求解速度；其次，时间窗基本框定了列车在空铁枢纽的停站时间范围，尤其是在航班时刻表确定的情况下，影响了列车和飞机之间接续数量的范围；最后，列车在始发终到车站的时间窗也限制了动车组之间的接续时间。

（4）动车组接续时间。在每天的计划结束之前，每个动车组在完成运行任务后都需要继续执行下一个运行任务。而在此期间，动车组在车站需要进行一系列的工作，包括转线、车体折返、车厢清洁、座位转向等整备作业。在满足这类工作的基础上，动车组的接续时间存在最小值。同时，为了提高动车组使用率，需要尽量减少接续时间，以避免造成资源浪费。另外，接续时间同样影响着列车时刻表的铺画，需要与列车时间窗相互匹配，提高系统运营效率。

（5）动车组检修基地的分布。动车组每天需要从所属的检修基地附近的车站出发，在执行一系列运行任务后，再返回所属的检修基地。如果动车组每天执行的第一个运行任务不从检修基地所在站出发或者执行的最后一个运行任务没有终到检修基地所在站，会导致动车组的空车走行，这势必降低动车组的运营效率，提高运营成本，并且也会影响时刻表的能力利用。

（6）空铁联运接续时间。高铁列车与航班的允许接续时间上限越大，航班可服务的列车数量越多，空铁联运接续数量也越大。但与此同时，过大的接续时间会导致旅客总出行时间增加，降低空铁联运产品效用。

（7）航班时刻表。为降低运营成本、使有限的飞机能够提供更多的服务，航班公司会应用枢纽轮辐式航线网络提供飞行服务。基于这种网络，航空公司采用"航空波"的枢纽运行方式编制航空时刻表，即许多航班会同时到达枢纽机场，方便旅客和行李的中转换乘，然后许多离港航班再承载旅客同时出发，前往各自的目的地。如果参与空铁联运服务的高铁列车可以与航空波中的飞机实现有效接续，则可以有效提高联运接续数量。

5.1.4 问题假设

针对基于空铁联运的高铁列车时刻表和动车组交路协同优化问题，本章基于如下假设建模求解。

（1）列车时刻表。

• 基于一个双线高铁路网以及沿线的一个空铁联运枢纽优化宏观列车时刻表，即不考虑微观路网特征，如车站内部到发线、区间闭塞、车站能力等要素。

• 列车开行方案已知。每列列车都需要按照给定的路径、停站方案运行。

（2）动车组交路。

• 每个动车组的始发站集合和终到站集合给定。

• 不考虑动车组检修计划和分配计划。本章重点研究动车组的路径，因此只考虑一种类型的动车组，检修作业不在考虑范围之内。

• 不考虑空车调拨。直至结束之前，当每个动车组在前往任何一个站时都应执行运行任务。

• 部分重要列车的交路固定不变。

• 解编和重联作业不在考虑范围之内。

（3）空铁联运。

• 航空公司的航班时刻表给定。

• 列车和航班之间最小的接续时间和最大的接续时间已知。

• 主要考虑铁转空接续。

5.1.5 案例说明

给定一个双线高铁路网，如图 5-1 所示。该路网包括 5 个车站，车站 A、车站 B、车站 C、车站 D 和车站 E，其中车站 C 为空铁联运枢纽。列车开行方案中包括 3 条方案线，灰色的圆圈表示该列车在该站停站，白色的圆圈表示该列车在该站不停站。现有 4 个动车组，车站 A 和车站 E 均连接动车段所。在运营时间内，动车组 1 和动车组 2 需要从车站 A 出发，到车站 E 结束任务。动车组 3 需要从车站 E 出发，到车站 A 结束任务。动车组 4 需要从车站 A 出发，结束后并要求返回车站 A。有 4 架离港航班从空铁换乘枢纽出发。该案例仅仅考虑铁转空接续。

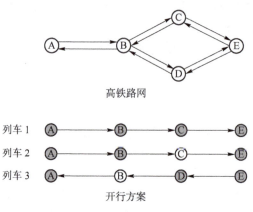

高铁路网

列车 1　Ⓐ ⟶ Ⓑ ⟶ Ⓒ ⟶ Ⓔ

列车 2　Ⓐ ⟶ Ⓑ ⟶ ⓒ ⟶ Ⓔ

列车 3　Ⓐ ⟵ Ⓑ ⟵ Ⓓ ⟵ Ⓔ

开行方案

图 5-1　示例中的高铁路网和开行方案

假设运输计划时间范围为 0~30 个时间单位。每个动车组需要从其配属动车段所/基地出发，前往附近车站担当第一个运行任务，称这个时间段为出库走行时间。同理，当动车组完成最后一个运行任务后，需要从车站返回配属动车段所/基地，称这个时间段为入库走行时间。假设准备开始时间和准备结束时间均为 2 个时间单位。列车最小出发追踪时间间隔和到达时间间隔均为 1 个时间单位。其他关于列车时刻表、动车组交路参数和空铁联运的参数见表 5-1、表 5-2 和表 5-3。

表 5-1　示例中的列车时刻表参数

列车	始发时间窗	终到时间窗	运行时间①	停站时间范围
列车 1	[2, 8]	[14, 20]	$A \xrightarrow{3} B \xrightarrow{4} C \xrightarrow{3} E$	$B = [1, 1]$ $C = [2, 3]$
列车 2	[3, 7]	[13, 17]	$A \xrightarrow{2} B \xrightarrow{3} C \xrightarrow{2} E$	$B = [2, 3]$ $C = [0, 0]$
列车 3	[12, 18]	[20, 26]	$A \xleftarrow{2} B \xleftarrow{3} D \xleftarrow{2} E$	$D = [1, 1]$ $B = [0, 0]$

①符号 $A \xrightarrow{3} B$ 表示列车从车站 A 运行至车站 B 需要 3 个时间单位。

表 5-2　示例中的动车组交路参数

动车组	始发站和终到站	运营时间窗	动车组最小接续时间
动车组 1	A，E	[0, 30]	2
动车组 2	A，E	[0, 30]	2
动车组 3	E，A	[0, 30]	2
动车组 4	A，A	[0, 30]	2

表 5-3　示例中的空铁联运参数

最小接续时间	最大接续时间	离港航班起飞时间			
		航班 1	航班 2	航班 3	航班 4
2	6	14	16	17	18

　　针对以上输入，图 5-2 给出了 3 组时刻表与动车组交路的可行解。在每个图中，横轴代表时间范围，纵轴代表沿线车站。主要以图 5-2（a）的解为例，解释说明时刻表、动车组交路和空铁联运的解。

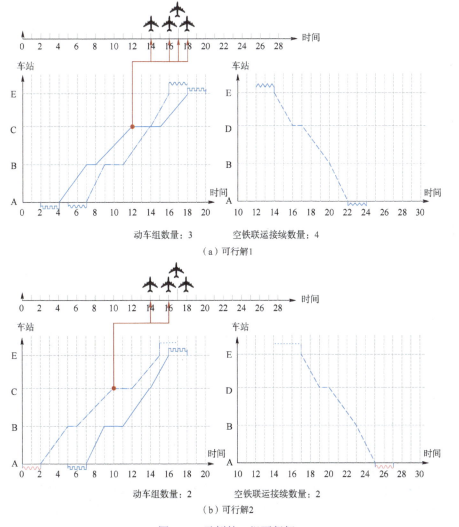

图 5-2　示例的 3 组可行解

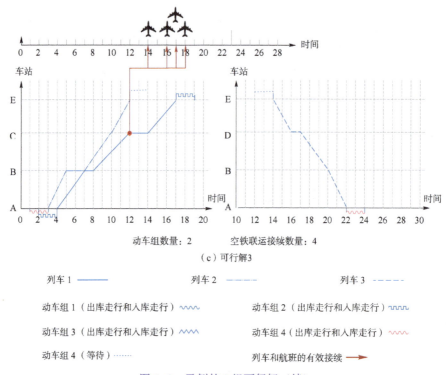

动车组数量：2　　　空铁联运接续数量：4

（c）可行解3

列车1 ────────　　　列车2 ── ── ──　　　列车3 - - - - - -

动车组1（出库走行和入库走行）〜〜〜　　动车组2（出库走行和入库走行）〜〜〜

动车组3（出库走行和入库走行）〜〜〜　　动车组4（出库走行和入库走行）〜〜〜

动车组4（等待）………　　　　　　　　列车和航班的有效接续 ➡

图 5-2　示例的 3 组可行解（续）

（1）列车时刻表。列车 1 在时间单位 4 从始发站 A 出发，在区间 A→B 消耗 3 个时间单位到达车站 B。在车站 B 停站 1 个时间单位，于时间单位 8 出发。在区间 B→C 消耗 4 个时间单位到达车站 C。在服务完空铁联运旅客后，在时间单位 15 离开车站 C，并最终到达车站 E 完成本次旅程。列车 2 在时间单位 7 从始发站 A 出发，于时间单位 9 到达车站 B，在时间单位 14 经过车站 C，最终到达车站 E 完成本次旅程。列车 1 和列车 2 之间的追踪间隔时间满足要求，且无区间越行。列车 3 在时间单位 14 从其始发站 E 出发，在区间 E→D 消耗 2 个时间单位到达车站 D，并于时间单位 17 出发。在区间 D→B 和 B→A 分别消耗 3 个和 2 个时间单位最终到达终点站 A。

（2）动车组交路。可行解 1 需要 3 个动车组。动车组 1 在时间单位 2 离开基地，走行 2 个时间单位到达始发站 A，开始担当列车 1 的运行任务，到达终点站 E，于时间单位 18 结束任务，最终在时间单位 20 回到检修基地。类似地，动车组 2 在时间单位 5 离开基地，走行两个时间单位到达始发站 A，开始执行列车 2 的运行任务，于时间单位 16 结束任务，最终在时间单位 18 回到检修基地。动车组 3 在时间单位 12 离开基地，执行列车 3 的运行任务，时间单位 22 结束任务，时间单位 24 返回基地。由于列车 1 与列车 3、列车 2 与列车 3 接续时间不满足动车组接续时间条件，所以必须使用 3 个动车组才能完成任务。而图 5-2（b）中的可行解 2 只需要 2 个动车组，因为列车 1 和列车 3 满足接续时间，均由动车组 4 担当。

（3）空铁联运。根据表 5-3 可以计算出空铁联运的接续数量。已知有 4 个离港航班，以航班 1 为例，任何列车只要在时间段 [8, 12] 到达车站 C，即可实现与航班 1 的接续。在可行解 1 中，列车 1 于单位时间 12 到达车站 C，所以它可以与航班 1 实现接续。以此类推，列车 1 均能与 4 个离港航班接续。

图 5-2（b）和图 5-2（c）展示了可行解 2 和可行解 3。相较于可行解 1，可行解 2 只需要两个动车组，但是空铁联运的接续数量也比可行解 1 少了 2 个，即只有两个铁转空联运接续。但有趣的是，可行解 3 的空铁联运接续与可行解 1 相同，但也只需要 2 个动车组。对于这 3 组解，可行解 3 的方案最优。但在现实案例中能否找到类似于可行解 3 的结果，还需要通过建模求解进一步研究探索。

5.2　三维时空状态网络构建

5.2.1　时间−空间−状态网络

本章基于多商品网络流的建模方式，构建列车时刻表和动车组交路的协同优化模型。三维网络已经在运输路网优化及不同的运输计划编排中得到应用，比如 Mahmoudi 和 Zhou[147]，Zhou 等[65]。本书的三维网络包括的三个维度分别为时间、空间和状态。用 $G=(V,A)$ 表示时间−空间−状态网络，其中 V 为点的集合，每个点包括时间、空间和状态三个维度；A 为弧的集合。每条弧表示由一个点有向指向另一个点的活动，可以表示运行、停站、等待、出入库等活动。对于每个动车组 $l \in L$，其网络中包括备选点集合 $(t,i,k) \in V_l$ 和备选弧集合 $(t,t',i,i',k,k') \in A_l$。

在时间−空间−状态网络中，G 的时间维度刻画了运营时间内的所有时间刻度。运营时间离散成不同的时间宽度，可以精细到秒，也可以粗略到小时，表达为 $t=0,1,2,\cdots,|T|$。G 的状态维度表示动车组在服务（执行）哪一个运行任务。如果动车组 l 在状态 k 上，则说明该动车组此时在执行列车 k 的运行任务。若在状态 0 上（$k=0$），则说明该动车组此时没有担当运行任务，包括在列车的始发终到站进行动车组之间的接续过程。G 的空间维度表示路网所有的车站。采用

Caprara 等[43]的构建网络方法将每个车站 s 分成两个虚拟车站，分别为 $U(s)$ 和 $V(s)$。如果动车组 l 在执行运行任务 k 时到达车站 s，则说明到达了 $U(s)$；如果从车站 s 离开时，则说明该动车组离开了 $V(s)$。对于每一个动车组 $l \in L$，任意一条弧 $(t, t', i, i', k, k') \in A_l$ 表示动车组 l 由点 $(t, i, k) \in V_l$ 移动至 $(t', i', k') \in V_l$，t，t' 表示时间维度，i，i' 表示空间维度，k，k' 表示状态维度。当动车组在担当列车的运行任务时，相应的弧中 $k = k'$，说明状态没有发生变化；当动车组不再担当列车的运行任务时，或者准备担当新的列车任务时，相应的弧中 $k \neq k'$，即状态发生了变化。同时，还需要引入虚拟起点 σ 和虚拟终点 τ 表示列车出发的起点和结束的终点。表 5-4 中总结了本章模型的参数输入。

表 5-4 本章模型的参数输入

使用范围	符号	定义
网络	L	动车组集合
	l	动车组索引，$l \in L$
	K	列车运行任务集合
	K_l	动车组 l 能够担当的备选列车运行任务集合，$K_l \subseteq K$
	k	列车运行任务索引，$k \in K$
	T	时间集合，最大运营时间值为 H
	t	时间索引
	i	空间索引
	S	车站集合
	S_k	列车 k 经过的车站集合，$S_k \subseteq S$
	s	车站索引，$s \in S$
	st	换乘车站
	$\mathrm{ori}_k^{(\mathrm{T})}$	列车 k 的始发车站
	$\mathrm{des}_k^{(\mathrm{T})}$	列车 k 的终到车站
时刻表	$[a_k, a'_k]$	列车 k 在始发车站的始发时间窗
	$[d_k, d'_k]$	列车 k 在终到车站的终到时间窗
	$r_{k,(s,s')}$	列车 k 在运行区间 (s, s') 的运行时间（这里根据停站方案考虑了起停附加时分），$s, s' \in S_k$
	$[w_{k,s}, w'_{k,s}]$	列车 k 在车站 s 的停站时间窗
	g_s	s 站的列车最小出发追踪时间间隔
	h_s	s 站的列车最小到达追踪时间间隔

续表

使用范围	符号	定义
动车组	$\mathrm{ori}_l^{(U)}$	动车组 l 的始发车站
	$\mathrm{des}_l^{(U)}$	动车组 l 的终到车站
	$[a_l, d_l]$	动车组 l 的运营时间范围
	$[tr_l, tr_l']$	对于动车组 l 两个运行任务的接续时间窗
航班	$F^{(d)}$	离港航班集合
	q	离港航班索引，$q \in F^{(d)}$
空铁联运	$v^{(H-A)}$	铁转空最小接续时间
	$v'^{(H-A)}$	铁转空最大接续时间
	$v^{(A-H)}$	空转铁最小接续时间
	$v'^{(A-H)}$	空转铁最大接续时间

5.2.2 弧的构建

在时间–空间–状态网络中，每个动车组 l 经过的路径都是由不同种类的弧组成的。构建三维网络时，应根据需求创建备选弧集以供动车组选择。下面介绍不同类型弧的意义。

（1）出库弧和入库弧。由虚拟起点 σ 指向点 $(t, V(s), 0)$ 的弧为出库弧，其中 s 为动车组 l 的始发车站 $\mathrm{ori}_l^{(U)}$，且 $\overline{a}_l \leqslant t \leqslant \overline{d}_l$，即在动车组运行时间范围内。该弧表示列车由所属的动车段（所）前往最靠近的车站去担当第一个运行任务。由点 $(t, U(s), 0)$ 指向虚拟终点 τ 为入库弧，其中 s 为动车组 l 的始发车站 $\mathrm{des}_l^{(U)}$，且 $\overline{a}_l \leqslant t \leqslant \overline{d}_l$。该弧表示列车结束所有运行任务后从终点车站前往所属的动车段（所）。

（2）开始担当任务弧和结束担当任务弧。由点 $(t, V(s), 0)$ 指向点 $(t, V(s), k)$ 的弧为开始担当任务弧，其中 s 既是动车组 l 的始发车站 $\mathrm{ori}_l^{(U)}$，也是运行任务 k 的始发车站 $\mathrm{ori}_k^{(T)}$，$k \in K_l$，即运行任务 k 属于动车组 l 能够服务的运行任务集合 K_l，$\overline{a}_l \leqslant t \leqslant \overline{d}_l$。开始担当任务弧表示列车从没有担当任何列车任务的状态到准备担当列车运行任务的状态，即状态由 0 变成 k。由点 $(t, U(s), k)$ 指向点 $(t, U(s), 0)$ 的弧为结束担当任务弧，其中 s 既是动车组 l 的终到车站 $\mathrm{des}_l^{(U)}$，也是运行任务 k 的终到车站 $\mathrm{des}_k^{(T)}$，$k \in K_l$，$\overline{a}_l \leqslant t \leqslant \overline{d}_l$。结束担当任务弧表示列车从担当列车运行任务 k 的状态变成没有担当任何列车任务的状态。

（3）运行弧。由点$(t,V(s),k)$指向点$(t',U(s'),k)$的弧为运行弧，其中车站s和s'均属于列车k经过的车站集合S_k，$t'-t=r_{k,(s,s')}$，即时间之差为列车k在运行区间(s,s')的运行时间$r_{k,(s,s')}$，$k\in K_l$，$\bar{a}_l\leq t\leq \bar{d}_l$，$\bar{a}_l\leq t'\leq \bar{d}_l$。运行弧表示动车组$l$担当运行任务列车$k$时在区间$(s,s')$的运行过程。需要说明的是，当车站$s$为始发站$\mathrm{ori}_k^{(T)}$时，始发时间应满足始发时间窗要求，即$a_k<t<a'_k$；当车站$s'$为终到站$\mathrm{des}_k^{(T)}$时，终到时间应满足终到时间窗要求，即$d_k<t'<d'_k$。

（4）停站弧。由点$(t,U(s),k)$指向点$(t',V(s),k)$的弧为停站弧，其中$w_{k,s}\leq t'-t\leq w'_{k,s}$，即时间之差应在列车停站时间窗$[w_{k,s},w'_{k,s}]$范围之内，$s\subseteq S_k$，$k\in K_l$，$\bar{a}_l\leq t\leq \bar{d}_l$，$\bar{a}_l\leq t'\leq \bar{d}_l$。停站弧表示动车组$l$担当运行任务列车$k$时在车站$s$的停站过程。需要说明的是，当列车经过车站$s$且不停站时，$t'-t=0$。

（5）接续弧。由点$(t,U(s),0)$指向点$(t',V(s),0)$的弧为等待弧，其中$\bar{a}_l\leq t'-t\leq \bar{d}_l$，且$tr_l\leq t'-t\leq tr'_l$，即时间之差不小于最小接续时间$tr_l$，不大于最大接续时间$tr'_l$。接续弧表示动车组$l$实现两个列车运行任务的接续工作，接续时间应该不小于动车组满足接续工作的最小时间。

选择5.1.5节中可行解2描述动车组4在时间–空间–状态网络的路径，如图5-3所示。动车组4首先从虚拟起点σ出发，经过出库弧到达点$(2,V(A),0)$。没有在车站A等待，准备开始担当第一个运行任务。其次，经过开始担当任务弧，指向点$(2,V(A),1)$，即由没有担当列车运行任务的状态变成担当列车运行任务1的状态。经过列车1的一系列运行弧和停站弧之后，到达点$(15,U(E),1)$。然后经过结束担当任务弧到达点$(15,U(E),0)$，由担当列车运行任务1的状态变成没有担当列车运行任务的状态，经过2个时间单位的动车组接续过程，即接续弧，到达点$(17,V(E),0)$。最后，由没有担当列车运行任务的状态变成担当列车运行任务3的状态，即经过开始担当任务弧，指向点$(17,V(E),3)$。动车组4服务完列车运行任务3后，结束任务，经过结束担当任务弧，到达点$(25,U(A),0)$，最后经过入库弧回虚拟终点τ。

5.2.3　弧的权重

对于铁转空接续，在给定动车组数量后，由于目标函数仅与接续数量有关，只需要确定由点$(t,V(s),k)$指向点$(t',U(st),k)$的运行弧上的权重，其中st表示换乘车站，s是动车组l担当列车运行任务k时st的前序车站。将列车与航班的接续数量作为弧上的权重。也就是说，只考虑进入换乘车站的运行弧。仍然以5.1.4节的实例作为分析对象，以列车运行任务1为例。假设构建13条车站B到

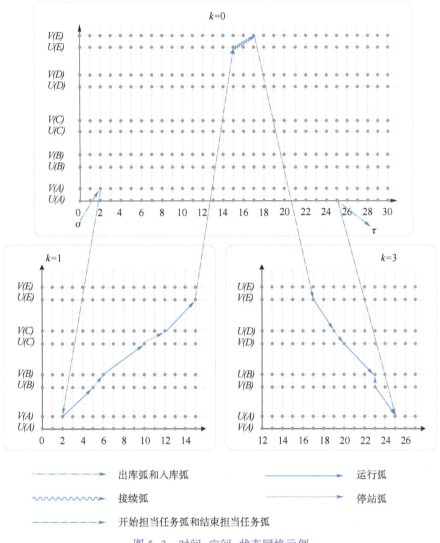

图 5-3   时间-空间-状态网络示例

换乘枢纽 C 的运行弧，如图 5-4 所示。运行时间均为 4 个时间单位，从 B 站的出发时间窗为 [2,13]。航班 1 在单位时间 14 起飞，铁转空最小接续时间 $v^{(H-A)}$ 为 2 个时间单位，铁转空最大接续时间 $v'^{(H-A)}$ 为 6 个时间单位。如果选择在 [8,12] 到达车站 C 的运行弧，则列车 1 能够实现与航班 1 的接续；否则，没有实现接续。图中红色数字表示接续数量。进一步地，如果同时考虑 4 架离港航班，接续数量会叠加在这些弧上，如图 5-5 所示。比如，当列车 1 选择在单位时间 12 到达车站 C，则铁转空接续数量为 4 个。

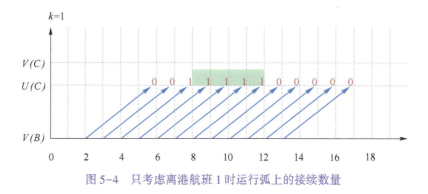

图 5-4　只考虑离港航班 1 时运行弧上的接续数量

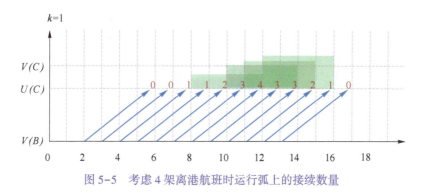

图 5-5　考虑 4 架离港航班时运行弧上的接续数量

因此，一旦航班时刻表给定，不同运行弧对应的空铁联运接续数量可以确定。基于上述描述，构建弧上的权重：令 $c^l_{(t,t',i,i',k,k')}$ 表示在时间-空间-状态网络中与动车组 l 接续相关的弧的权重。对于运行弧 (t,t',i,i',k,k')，$\bar{a}_l \leqslant t' < t \leqslant \bar{d}_l$，$i = U(s)$，$i' = V(s')$，$s' = \text{st}$，$k = k'$，权重为空铁联运接续数量；对于其他弧，其他权重为 0。

5.3　模型建立

本节基于时间-空间-状态三维网络构建面向空铁联运的列车时刻表和动车组交路协同优化模型。问题的本质是针对目标函数，为每一个动车组在三维网络中寻找一条可行路径，同时满足路径间的约束条件。引入 0-1 决策变量 $x^l_{(t,t',i,i',k,k')}$ 表示动车组 l 的路径是否选择弧 (t,t',i,i',k,k')，如果选择，其值为 1；否则，其值为 0。

5.3.1 目标函数

模型目标为最大化空铁联运接续数量，用 $c^l_{(t,t',i,i',k,k')}$ 表示每个动车组 $l \in L$ 的三维网络中每个弧上的权重，则提出目标函数 Z：

$$\max Z = \sum_{l \in L} \sum_{(t,t',i,i',k,k') \in A_l} c^l_{(t,t',i,i',k,k')} x^l_{(t,t',i,i',k,k')} \tag{5-1}$$

5.3.2 约束条件

1. 流平衡约束

为了描述一个动车组的路径，需要建立每个点的流平衡约束。除了虚拟起点 σ 和虚拟终点 τ，进入每个点 (t,i,k) 的动车组数量均等于流出每个点的动车组数量。该约束如式（5-2）所示。

$$\sum_{t',i',k':(t,t',i,i',k,k') \in A_l} x^l_{(t,t',i,i',k,k')} - \sum_{t',i',k':(t',t,i',i,k',k) \in A_l} x^l_{(t',t,i',i,k',k)}$$

$$= \begin{cases} 1 & (t,i,k) = \sigma, \forall l \in L \\ -1 & (t,i,k) = \tau, \forall l \in L \\ 0 & (t,i,k) \in V \backslash (\sigma, \tau), \forall l \in L \end{cases} \tag{5-2}$$

2. 列车分配约束

每个列车运行任务 k 最多由一个动车组担当。令 $A^{(\text{switch-on})}_{l,k}$ 表示动车组 l 担当列车运行任务 k 时的备选开始担当任务弧集合。该约束如式（5-3）所示。

$$\sum_{l \in L} \sum_{(t,t',i,i',k,k') \in A^{(\text{switch-on})}_{l,k}} x^l_{(t,t',i,i',k,k')} \leqslant 1 \quad k = 0, k' \in K \tag{5-3}$$

3. 列车安全约束

列车安全约束需要保证列车追踪间隔，同时避免列车在区间出现越行的情况。

到达间隔约束需要保证任意两个相邻列车到达同一车站的到达时间间隔不小于时间 h_s。应用 Caprara 等[43]的思想，将不同动车组在担当具有相同到达车站且存在到达间隔冲突的列车运行任务对应的运行弧看作一组"到达冲突"。定义任意一组"到达冲突" $e^{(\text{a})}_{s,\tilde{\iota}} \in E^{(\text{a})}$，在运行区间 $(V(s), U(s'))$ 中（s' 是 s 的后续车站），每一个时间 $\tilde{\iota} = 0,1,2,\cdots,H-h_s+1, e^{(\text{a})}_{s,\tilde{\iota}} = A \cap \{(t,t',U(s),V(s'),k,k) \mid t,t' \in$

$T;\tilde{i}\leqslant t'\leqslant\tilde{i}-h_s+1;k\in K\}$，运行弧之和不大于1。该约束如式（5-4）所示。

$$\sum_{l\in L}\sum_{(t,t',i,i',k,k')\in e_{s,\tilde{i}}^{(a)}}x_{(t,t',i,i',k,k')}^{l}\leqslant 1 \quad e_{s,\tilde{i}}^{(a)}\in E^{(a)}\tag{5-4}$$

同理，出发间隔约束需要保证任意两个相邻列车从同一车站的出发时间间隔不小于时间 g_s。将不同动车组在担当具有相同出发车站且存在出发间隔冲突的列车运行任务对应的运行弧看作一组"出发冲突"。定义任意一组"出发冲突" $e_{s,\tilde{i}}^{(d)}\in E^{(d)}$，在运行区间 $(V(s),U(s'))$ 中（s'是 s 的后续车站），每一个时间 $\tilde{i}=0,1,2,\cdots,H-g_s+1,e_{s,\tilde{i}}^{(d)}=A\cap\{(t,t',U(s),V(s'),k,k)|t,t'\in T;\tilde{i}\leqslant t'\leqslant\tilde{i}-g_s+1;k\in K\}$，运行弧之和不大于1。该约束如式（5-5）所示。

$$\sum_{l\in L}\sum_{(t,t',i,i',k,k')\in e_{s,\tilde{i}}^{(d)}}x_{(t,t',i,i',k,k')}^{l}\leqslant 1 \quad e_{s,\tilde{i}}^{(d)}\in E^{(d)}\tag{5-5}$$

区间越行约束保证了列车在运行区间不会出现交叉越行的情况。将任意两个动车组在相同区间担当的且出现越行情况的列车运行任务对应的两个弧称为一组"区间越行冲突"。定义任意一组"区间越行冲突" $e_{s,t_1,t_2,t_3,t_4}^{(c)}\in E^{(c)}$，在运行区间 $(V(s),U(s'))$ 中（s'是 s 的后续车站），有两个运行弧，分别是 $(t_1,t_2,U(s),V(s'),k,k)$ 和 $(t_3,t_4,U(s),V(s'),k,k)$，且 $0\leqslant t_1\leqslant t_3\leqslant t_2\leqslant t_4\leqslant H$，$e_{s,t_1,t_2,t_3,t_4}^{(c)}=A\cap[\{(t_1,t_2,U(s),V(s'),k,k)|k\in K\}\cup\{(t_1,t_2,U(s),V(s'),k,k)|k\in K\}]$，运行弧之和不大于1。该约束如式（5-6）所示。

$$\sum_{l\in L}\sum_{(t,t',i,i',k,k')\in e_{s,t_1,t_2,t_3,t_4}^{(c)}}x_{(t,t',i,i',k,k')}^{l}\leqslant 1 \quad e_{s,t_1,t_2,t_3,t_4}^{(c)}\in E^{(c)}\tag{5-6}$$

为了便于表达，将式（5-4）、式（5-5）和式（5-6）合并，并引出冲突集合 $E=E^{(a)}\cup E^{(d)}\cup E^{(c)}$。对于任意冲突 $e\in E$，对应弧之和不大于1。该约束如式（5-7）所示。

$$\sum_{l\in L}\sum_{(t,t',i,i',k,k')\in e}x_{(t,t',i,i',k,k')}^{l}\leqslant 1 \quad e\in E\tag{5-7}$$

5.4　算法设计

对于5.3节提出的0-1整数规划模型，采用拉格朗日松弛（Lagrangian relaxation）技术求解。拉格朗日松弛是可以将问题分解的数学规划求解策略，是一种非常灵活的解决方法。该技术是将规划问题中的复杂约束乘以拉格朗日乘子放至目标函数，从而将原问题分解成数个易于求解的简单问题。对于最大化问题，通过该技术可以快速获得一个很好的上界，即使上界是一个不可行解，也可以解释当前的可行解距离最优解有多远。通过次梯度法更新拉格朗日乘子，从而不断降低问题的上界。在逐步优化上下界后，找到一个最逼近原问题的可行解。

5.4.1 算法原理

已知5.3节提出的整数规划模型，将之称为原问题 P。问题 P 包括流平衡约束、列车分配约束和列车安全约束。可以发现，如果将列车分配约束和列车安全约束视为困难约束放至目标函数，且每个约束乘以相应的拉格朗日乘子，则新的规划问题变成一个易于求解的问题，将之称为拉格朗日函数 $L(\mu,\lambda)$，其表达式如式（5-8）所示。其中，μ_k 和 λ_e 是每个列车分配约束和列车安全约束对应的拉格朗日乘子。$x \in \overline{X}$ 表示满足流平衡约束的解。在给定 μ_k 和 λ_e 的值时，将常数项 $\sum\limits_{k \in K} \mu_k$ 和 $\sum\limits_{e \in E} \lambda_e$ 去掉，$L(\mu,\lambda)$ 可以分解成 $|L|$ 个最长路问题 $L_l(\mu,\lambda)$，得到式（5-9）。在该子问题中，对于弧 $(t,t',i,i',k,k') \in A_{l,k}^{(\text{switch-on})}$，其成本为 $c_{(t,t',i,i',k,k')}^l - \mu_k$；对于弧 $(t,t',i,i',k,k') \in e$，其成本为 $c_{(t,t',i,i',k,k')}^l - \lambda_e$；对于其他弧，其成本为 $c_{(t,t',i,i',k,k')}^l$。

$$
L(\mu,\lambda) = \max\Big\{ \sum_{l \in L} \sum_{(t,t',i,i',k,k') \in A_l} c_{(t,t',i,i',k,k')}^l \times x_{(t,t',i,i',k,k')}^l +
$$

$$
\sum_{k \in K} \mu_k \Big(1 - \sum_{l \in L} \sum_{(t,t',i,i',k,k') \in A_{l,k}^{(\text{switch-on})}} x_{(t,t',i,i',k,k')}^l \Big) +
$$

$$
\sum_{e \in E} \lambda_e \Big(1 - \sum_{l \in L} \sum_{(t,t',i,i',k,k') \in e} x_{(t,t',i,i',k,k')}^l \Big) : x \in \overline{X} \Big\} \quad (5\text{-}8)
$$

$$
L_l(\mu,\lambda) = \max\Big\{ \sum_{(t,t',i,i',k,k') \in A_l} c_{(t,t',i,i',k,k')}^l \times x_{(t,t',i,i',k,k')}^l -
$$

$$
\sum_{k \in K} \mu_k \sum_{(t,t',i,i',k,k') \in A_{l,k}^{(\text{switch-on})}} x_{(t,t',i,i',k,k')}^l - \sum_{e \in E} \lambda_e \sum_{(t,t',i,i',k,k') \in e} x_{(t,t',i,i',k,k')}^l : x \in \overline{X} \Big\}
$$

$$
(5\text{-}9)
$$

当 μ_k 和 λ_e 取任意非负值时，拉格朗日函数的解均为原问题 P 的上界。拉格朗日函数为了求得更好的（更小的）上界，即更加贴近原问题 P 的最优解，需

要解决拉格朗日乘子问题 L^*：

$$L^* = \min_{\mu, \lambda \geqslant 0} L(\mu, \lambda) \tag{5-10}$$

此时，问题转化为如何找到更好的拉格朗日乘子 μ_k 和 λ_e 以便找到更小的上界。事实上，拉格朗日函数 $L(\mu, \lambda)$ 为一个不可导的连续函数，因此无法直接应用传统的梯度法等方法。本章采用次梯度法求解拉格朗日乘子问题，给定一组初始的乘子，通过式（5-11）和式（5-12）表示第 n 次迭代的乘子与第 $n+1$ 次迭代的乘子之间的关系。其中，θ^n 表示第 n 次迭代过程中的迭代步长，可参考 Wolsey[153] 的计算方法，如式（5-13）所示。其中，ε^n 表示第 n 次迭代过程中的控制标量，为 0 到 2 之间，当拉格朗日函数值不再降低时，其值减小。ψ 表示所有约束中右边部分减去左边部分的平方和的平方根。

$$\mu_k^{n+1} = \max \Big\{ \mu_k^n - \theta^n \big(1 - \sum_{l \in L} \sum_{(t, t', i, i', k, k') \in A_{l,k}^{(\text{switch-on})}} x_{(t, t', i, i', k, k')}^l \big), 0 \Big\} \tag{5-11}$$

$$\lambda_e^{n+1} = \max \Big\{ \lambda_e^n - \theta^n \big(1 - \sum_{l \in L} \sum_{(t, t', i, i', k, k') \in e} x_{(t, t', i, i', k, k')}^l, 0 \Big\} \tag{5-12}$$

$$\theta^n = \varepsilon^n (L(\mu^n, \lambda^n) - LB^n) / \psi \tag{5-13}$$

在实际计算过程中，需要松弛的约束数量随着网络维度、车站数量、时间范围以及方案线的增加而剧烈增加，因此在计算上界过程中可动态地逐一添加约束，从而减少计算工作量。令拉格朗日乘子初始值为 0，在之后的迭代过程中若松弛的约束没有违背，则对应的拉格朗日乘子始终保持为 0。为了减少计算工作量，采用 Caprara 等[154] 的思想，即在算法中建立约束池（constraint pool），标记每次迭代中违背的约束，放入池中，并仅更新池中约束的乘子。

随着上界的不断更新，也需要不断寻找可行的下界。下界解为可行解，需要保证动车组之间没有产生任何冲突。本书采用启发式算法，基于上界拉格朗日乘子的信息，对动车组进行铺画。在每次迭代过程中，已知上界解，可以得到每个动车组在其带有乘子网络中的路径成本之和，按照升序将所有动车组进行排序，并逐一铺画。当前序动车组的路径求出后，固定其路径，在计算下一个动车组路径时，删除与之前所有动车组有冲突的弧，冲突包括列车分配冲突、列车到达追踪间隔冲突、出发追踪间隔冲突以及区间交叉冲突。然后，即可通过最长路求解。如果当前解不可行，则需改变动车组的铺画顺序。

每次迭代完成后，需要判断是否继续迭代。可以根据迭代次数判断是否终止迭代，也可以根据当前计算求得的下界的质量判断是否终止迭代。

5.4.2　算法流程

根据上述原理，针对基于空铁联运的高铁列车时刻表与动车组交路协同优化设计详细的算法流程，具体内容如下。

第一步：根据输入，构建三维时间空间状态网络。输入包括路网信息、列车开行方案、列车时刻表运营参数、动车组交路信息、检修基地信息以及航班时刻表。

第二步：令所有初始拉格朗日乘子的值 μ_k^n 和 λ_e^n 为 0，将问题 $L^n(\mu, \lambda)$ 分解成 $|L|$ 个最长路问题，并分别求解计算，得到初始上界解（松弛解）和上界值 UB^n。同时，给出初始下界值 LB^n。此时，$n=0$。进入第三步。

第三步：在当前初始上界解中寻找动车组之间的冲突。冲突对应着模型中列车分配约束和列车安全约束。

第四步：判断当前上界解是否满足最优解条件。如果满足最优解条件，则结束计算；否则，进入第五步。

第五步：识别当前违背的约束，若池中没有存储该冲突，则将相应的约束放入约束池中。进入第六步。

第六步：更新约束池中相应的拉格朗日乘子对应的步长 θ^n，进入第七步。

第七步：通过次梯度法更新约束池中相应的拉格朗日乘子 μ_k^n 和 λ_k^n。进入第八步。

第八步：基于给定的拉格朗日乘子 μ_k^n 和 λ_k^n，通过最长路算法求解上界解和上界值。同时，按照路径成本之和将动车组按照升序进行排列。进入第九步。

第九步：求解下界解。按照当前动车组的排列顺序，逐一铺画。在铺画当前动车组时空状态路径时，固定前序动车组路径，并删除所有与前序动车组冲突的弧。进入第十步。

第十步：判断下界解是否存在。若存在，则进入十二步；否则，进入十一步。

第十一步：改变动车组的求解顺序。进入第九步。

第十二步：判断此时是否停止迭代。判断当前迭代次数是否符合要求，确定是否停止迭代。如果继续迭代，$n=n+1$，则进入第三步；否则，跳出迭代，结束计算，输出下界解。

基于拉格朗日松弛技术的算法设计流程图如图 5-6 所示。

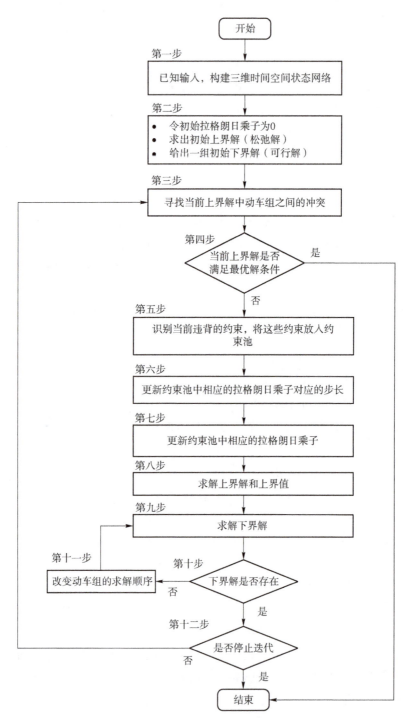

图 5-6 基于拉格朗日松弛技术的算法设计流程图

5.5　本章小结

　　鉴于高铁列车时刻表与动车组交路之间的关系，本章提出了基于动车组交路计划的空铁联运接续方案优化，即在有限的动车组数量的条件下，尽可能提高空铁联运换乘服务水平。借鉴网络流的建模思想，构建了时间-空间-状态三维网络，刻画动车组的三维空间路径。三维空间中，时间维度表示列车运行时刻，空间维度表示车站，状态维度表示动车组担任接续任务内容。分别构建五类弧描述动车组的运行过程。提出一种新的弧的权重构建方法，即进入换乘车站的运行弧权重为接续数量，将空铁联运接续数量与动车组交路计划融合。以最大化空铁联运接续数量为目标提出 0-1 整数规划模型。最后，基于拉格朗日松弛技术设计求解算法，并提出相应的启发式方法求解下界可行解。

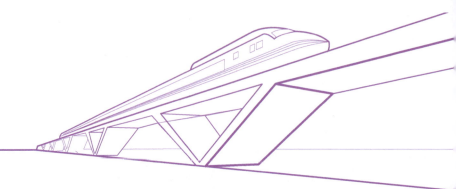

6 空铁联运接续方案综合案例优化设计

　　根据第 3 章提出的空铁联运换乘枢纽选择模型，第 4 章提出的基于空铁联运的列车与航班时刻表接续方案模型以及第 5 章提出的基于动车组交路计划的空铁联运接续方案优化模型，本章以京广综合运输通道及相关连接通道组成的路网为背景，为客流 OD 选择空铁联运换乘枢纽，并选择其中一个换乘枢纽优化运输组织计划，设计空铁联运的时间接续方案。同时，通过一系列敏感度分析，测试不同参数对设计结果的影响。

6.1 空铁联运换乘枢纽选择

6.1.1 研究通道与客流 OD 分类

6.1.1.1 研究通道背景

　　京广综合运输通道是我国极为重要的运输通道之一，涉及铁路、航空、公路等运输方式。图 6-1 展示了京广高铁线路和邻接高铁支线上的重要车站，以及沿线机场分布。图中包括 8 条高铁/客专/城际部分线路，分别为京广高铁、京津城际、石太高铁、津保高铁、郑太高铁、武九客专、昌九城际和沪昆高铁（部分）。其中，京广高铁北起北京南站、南至广州南站，全长 2 298 km，沿线共计 37 个车站，途经省市包括京、冀、豫、鄂、湘、粤，是我国运输最为繁忙的高铁线路。图中还包括 10 个备选空铁联运枢纽，考虑到图中的高铁线路是否引入机场，只有石家庄正定机场枢纽为近邻式，其他均为异地式。本节应用第 3 章的模型，为图 6-1 中京广综合运输通道及其连接通道上的重要县市（车站所在地）组成的客流 OD 选择出行效用最高的空铁联运换乘枢纽。

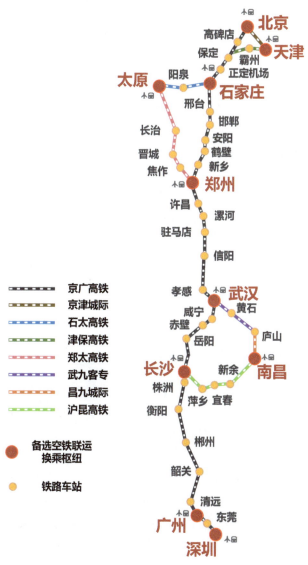

图 6-1 京广综合运输通道与连接通道上的重要县市及备选空铁联运换乘枢纽

6.1.1.2 客流 OD 分类

研究路网中有 41 个节点，其中 10 个节点作为备选换乘枢纽，分别为北京、天津、石家庄、太原、郑州、武汉、南昌、长沙、广州和深圳。客流 OD 共计 1 640 个，运距超过 1 000 km 的 OD 数量为 620 个，占总客流 OD 数量的 37.8%。根据第 3 章的客流 OD 分类原则，将其分为三类，各类 OD 数量的占比如表 6-1 所示。空铁联运效用值中的部分参数取值如表 6-2 所示。

表 6-1 京广综合运输通道客流 OD 数量的占比

OD 类型	OD 数量/个	占比
第一类	48	7.74%
第二类	268	43.23%
第三类	304	49.03%
合计	620	100%

表 6-2 空铁联运效用值中的部分参数取值

票价折扣		换乘时间罚值		服务频率罚值	
$v^{(1)}$	0.7	γ^h	1.5	$\delta^{(1)}$	1
$v^{(2)}$	0.8	$\gamma^{hh'}$	2	$\delta^{(2)}$	1.3
$v^{(3)}$	1			$\delta^{(3)}$	1.5

6.1.2 空铁联运客流 OD 换乘枢纽选择

基于 2018 年全国 106 对运距超过 1 000 km 的航空和高铁客流 OD 数据标定运输服务特性对旅客出行行为的影响。按照运输距离，这 106 对 OD 可以分为 12 个运输区间。参数的标定结果如表 6-3 所示。

表 6-3 不同运距下 Logit 模型效用函数的参数取值

区间编号	运距/km	OD 数量/个	α	β
1	1 000~1 100	15	−0.000 798	−0.009 224
2	1 100~1 200	13	−0.000 711	−0.008 746
3	1 200~1 300	3	−0.000 650	−0.008 469

区间编号	运距/km	OD 数量/个	α	β
4	1 300~1 400	12	−0.000 609	−0.008 304
5	1 400~1 500	11	−0.000 587	−0.008 230
6	1 500~1 600	2	−0.000 597	−0.008 259
7	1 600~1 700	11	−0.000 623	−0.008 329
8	1 700~1 800	10	−0.000 667	−0.008 437
9	1 800~1 900	7	−0.000 695	−0.008 500
10	1 900~2 000	8	−0.000 664	−0.008 436
11	2 000~2 100	7	−0.000 606	−0.008 323
12	2 100 以上	7	−0.000 587	−0.008 245

对于相同 OD，不同的空铁联运换乘枢纽具备不同的效用。效用越高，旅客对该空铁联运产品的偏好越高。本节针对京广综合运输通道中中长距离的不同类型 OD，从北京、天津、石家庄、太原、郑州、武汉、南昌、长沙、广州和深圳选择 1~2 个换乘枢纽。通过调查获取 OD 和换乘枢纽对应的经济性、快速性和方便性运输服务特性指标数值，代入不同运距对应的效用函数得到最终的效用值，同一 OD 中选择效用最高的节点作为换乘枢纽。部分空铁联运 OD 的换乘节点选择结果如表 6-4 所示。比如，在第一类 OD 中，天津到深圳的距离为 2 465 km，在备选换乘节点中，石家庄对应的空铁联运产品效用值最高。尽管天津距离北京更近，旅客搭乘京津城际铁路列车于 40 min 之内就可以到达北京南站，但是从北京南站前往机场需要消耗更多的时间，因此方便性较差。天津到武汉的最优换乘点选择北京而没有选择石家庄，是因为石家庄没有前往武汉的直达航班，因此快速性较差。在第二类 OD 中，同理，天津到东莞客流 OD 的最优换乘点为广州，即旅客首先从天津出发，搭乘飞机前往广州，然后乘坐高铁由广州前往东莞。尽管深圳距离东莞也较近，但是由天津前往深圳的平均机票票价高于天津前往广州的票价，所以经济性较差。霸州至广州的最优换乘点选择天津，焦作至深圳的换乘点选择郑州。在第三类 OD 中，阳泉至清远客流 OD 的最优换乘点为石家庄和广州，即旅客从清远出发，首先乘坐列车由石太高铁跨线至京广高铁前往石家庄正定机场站，然后乘坐飞机前往广州，最后乘坐列车折返回清远。类似地，高碑店至宜春客流 OD 的最优换乘点为石家庄和南昌，许昌至清远客流 OD 的最优换乘点为郑州和广州。

表 6-4　各类客流 OD 的最优换乘点（部分）

OD 类型	O	D	距离/km	最优换乘点
第一类	天津	深圳	2 465	石家庄
	北京	广州	2 298	石家庄
	石家庄	广州	2 017	天津
	天津	长沙	1 656	石家庄
	郑州	广州	1 605	石家庄
	北京	长沙	1 591	石家庄
	太原	南昌	1 314	郑州
	石家庄	长沙	1 310	天津
	天津	武汉	1 294	北京
	武汉	深圳	1 171	广州
第二类	天津	东莞	2 413	广州
	霸州	广州	2 392	天津
	北京	清远	2 215	广州
	保定	广州	2 159	石家庄
	韶关	北京	2 071	长沙
	长治	深圳	1 943	太原
	北京	新余	1 806	南昌
	焦作	深圳	1 794	郑州
	鹤壁	广州	1 736	石家庄
	新乡	广州	1 672	郑州
第三类	霸州	东莞	2 340	天津、广州
	阳泉	清远	2 096	石家庄、广州
	保定	韶关	1 972	石家庄、广州
	晋城	东莞	1 803	郑州，广州
	安阳	清远	1 699	石家庄、广州
	保定	衡阳	1 629	石家庄、长沙
	高碑店	宜春	1 674	石家庄，南昌
	保定	萍乡	1 557	石家庄，长沙
	许昌	清远	1 431	郑州、广州
	驻马店	韶关	1 159	郑州、广州

通过总结各个节点被选择作为换乘枢纽的次数和比例，结果发现在第一类的 48 个客流 OD 中，石家庄被选择作为换乘枢纽的次数最多，达 22 次，占比约为 46%；在第二类的 268 个客流 OD 中，石家庄作为换乘枢纽被选择了 58 次，占比约为 22%；在第三类的 304 个客流 OD 中，石家庄作为换乘枢纽被选择了 154 次，占比约为 25%。各个节点被选择作为换乘枢纽的次数及比例见图 6-2。可以看出，在京广综合运输通道中，石家庄综合枢纽在空铁联运服务中竞争优势强。除了运输距离方面的影响（即石家庄位于研究路网的两端，服务长距离 OD 较多），石家庄枢纽作为近邻式枢纽，正定机场高铁站和机场距离近，换乘方便，旅客仅通过搭乘摆渡车于 10 min 内便能完成换乘，保证了枢纽的方便性；同时，大众化的市场定位也决定着石家庄的机票价格具备竞争力，同时作为春秋航空公司基地，优惠的价格保证了枢纽的经济性。因此，石家庄枢纽自身具备的运输优势使得其空铁联运产品效用较高。这也进一步说明，在设计空铁联运产品时，应考虑一体式、紧邻式或近邻式，且具备价格优势的节点作为换乘枢纽。

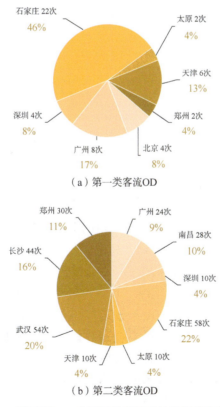

（a）第一类客流OD

（b）第二类客流OD

图 6-2　三类客流 OD 中不同换乘城市被选择的次数及比例

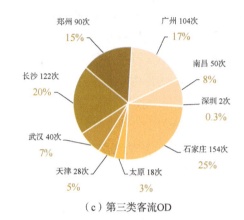

（c）第三类客流OD

图6-2　三类客流 OD 中不同换乘城市被选择的次数及比例（续）

6.2　列车与航班时刻表接续方案优化设计

6.2.1　研究背景

第5章为京广综合运输通道不同客流 OD 选出了效用最高的换乘枢纽，其中石家庄正定枢纽凭借快速性、经济性和便捷性的优势，为许多客流 OD 提供空铁联运换乘服务。因此，本节基于石家庄正定机场及京广高铁协同优化列车和航班时刻表，以提升空铁联运的服务质量。

本节考虑的高铁线路部分为北京至郑州的下行方向区段，沿线共计 14 个车站，由北至南依次为北京西、涿州南、高碑店东、保定东、定州东、正定机场、石家庄、高邑西、邢台东、邯郸东、安阳东、鹤壁东、新乡东和郑州东。其中正定机场高铁站与正定机场距离 3.4 km，可搭乘摆渡车完成换乘。

本节主要研究由春秋航空公司、正定机场和中国国家铁路集团有限公司提供的空铁联运服务产品。春秋航空公司是国内有名的廉价航空公司，通常提供远低于传统航空公司提供的折扣票价，由此可以更好地吸引机场周边地区的客流。正定机场站是中国铁路北京局集团有限公司石家庄站管辖的二等站。目前推出的空铁联运产品没有考虑时间接续优化设计，因此本书从理论上填补该空白。

使用 2019 年 4 月的列车和航班时刻表进行优化计算。选择初始列车时刻表中在目标线路上运行的 112 列列车作为研究对象，运行时间范围为 $[8:00, 22:00]$。其中 16 列列车经停正定机场站，将其划分为第一类列车 $I^{(1)}$；将 44 列经停大站的长距离跨线列车划分为第二类列车 $I^{(2)}$，并保持其运行时刻不变；将剩余的 52 列列车划分第三类列车 $I^{(3)}$，即预留时间窗空间以增大解空间。第一类列车 $I^{(1)}$ 服务的车站中，北京西、涿州南、高碑店东、保定东和定州东参与铁转空接续，石家庄、高邑、邢台东、邯郸东、安阳东、鹤壁东、新乡东和郑州东参与空转铁接续。选择初始航班时刻表中 40 个离港航班和 41 个进港航班作为研究对象。选择其中 28 个离港航班和 28 个进港航班，划分为第一类航班 $F^{(dep-1)}$ 和 $F^{(arr-1)}$；将服务 7 个离港航班和 7 个进港航班划分为第二类航班 $F^{(dep-2)}$ 和 $F^{(arr-2)}$，固定它们的起降时间；剩余的航班划分为第三类航班 $F^{(dep-3)}$ 和 $F^{(arr-3)}$，预留较小时间窗以增大解空间。第一类航班中，28 个离港航班涉及 24 个目的机场，28 个进港航班涉及 25 个出发机场。

本章使用 MATLAB R2015b 调用 ILOG CPLEX 12.5 求解器在 8 GB 内存、Intel i5 3.0 GHz 的环境下进行编程测试实际案例。

6.2.2　考虑接续数量的空铁联运列车与航班时刻表接续方案优化

6.2.2.1　基础实验

在基础实验中，基本参数的设置如表 6-5 所示。对于第一类列车 $I^{(1)}$，最大允许的时间偏移量为 30 min；对于第一类航班 $F^{(dep-1)}$ 和 $F^{(arr-1)}$，最大允许的时间偏移量为 2 个时间片，即有 $(-2,-1,0,1,2)$ 5 个选项。两种运输方式之间的最小接续时间应满足从列车站台到机场候机厅大楼的往返时间和办理手续（例如：值机、安检等），这些都依赖于空铁换乘枢纽的接驳条件。同时，最大接续时间尽可能不超过旅客的容忍范围。因此，参考 Chiambaretto 等[19]与 Song 等[146]设置接续时间。假设商务乘客和休闲旅客的人数一样，即 $\tau^{(H-A,b)}$、$\tau^{(H-A,le)}$ $\tau^{(A-H,b)}$ 和 $\tau^{(A-H,le)}$ 均为 0.25。两类旅客换乘时间罚值参考 Wardman[156]，令商务乘客的换乘时间罚值 $\gamma^{(H-A,b)}$ 和 $\gamma^{(A-H,b)}$ 为 0.7，休闲旅客的换乘时间罚值 $\gamma^{(H-A,le)}$ 和 $\gamma^{(A-H,le)}$ 为 0.3。

表 6-5　模型 M1 基础实验的基本参数

参数	参数值	参数	参数值
$\sigma_1,\ i\in I^{(1)}$	30 min	$\xi_p^{(\text{dep})},\ p\in F^{(\text{dep-1})}$	2
$\sigma_2,\ i\in I^{(2)}$	0 min	$\xi_p^{(\text{dep})},\ p\in F^{(\text{dep-2})}$	0
$\sigma_3,\ i\in I^{(3)}$	15 min	$\xi_p^{(\text{dep})},\ p\in F^{(\text{dep-3})}$	1
$v^{(\text{H-A})},\ v'^{(\text{H-A})}$	90 min，210 min	$\xi_q^{(\text{arr})},\ q\in F^{(\text{arr-1})}$	2
$v^{(\text{A-H})},\ v'^{(\text{A-H})}$	60 min，150 min	$\xi_q^{(\text{arr})},\ q\in F^{(\text{arr-2})}$	0
$\varepsilon_{q,p}$	2 个时间片	$\xi_q^{(\text{arr})},\ q\in F^{(\text{arr-3})}$	1

在基础实验中，优化前的总接续数量为 86 个，其中铁转空接续数量为 50 个，空转铁接续数量为 36 个；铁转空接续中被服务的航班数量为 22 个，空转铁接续中被服务的航班数量为 20 个；总换乘罚值为 698.15，平均每个接续的换乘罚值为 8.12。优化后，总接续数量为 142 个，相较初始计划提高了 65.12%，其中铁转空接续数量为 81 个，空转铁接续数量为 61 个；铁转空接续中被服务的航班数量为 22 个，空转铁接续中被服务的航班数量为 21 个；换乘罚值为 891.15，平均每个接续的换乘罚值为 6.28，下降了 22.66%，其中铁转空的换乘罚值为 334.475，空转铁的换乘罚值为 556.675。图 6-3 展示了每列车 $i\in I^{(1)}$ 优化前后的接续变化。可以发现列车 G6703 的接续数量增加最多，由 8 个接续增加至 15 个接续；而 G6707 的接续数量最少，且保持不变。图 6-4 和图 6-5 展示了每架离港航班 $p\in F^{(\text{dep-1})}$ 和进港航班 $q\in F^{(\text{arr-1})}$ 优化前后的接续变化。离港航班中，航班 9C8825 和 9C8627 增加的接续数量最多，均为 3 个；进港航班中，9C8674 增加的接续数量最多，增加了 3 个。

求解子模型 $Z^{(\text{M1-1})}$、$Z^{(\text{M1-2})}$ 和 $Z^{(\text{M1-3})}$ 的时间分别为 2 880 s、2 564 s 和 2 781 s。

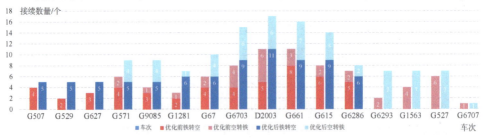

图 6-3　各个列车优化前后的接续变化

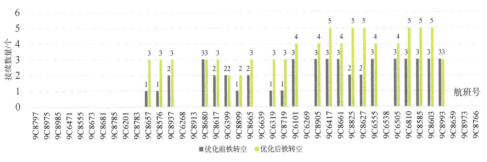

图 6-4　各个离港航班优化前后的接续变化

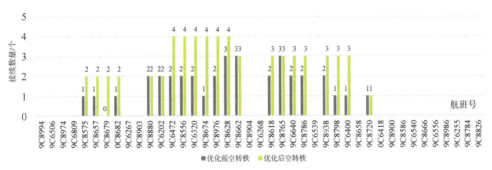

图 6-5　各个进港航班优化前后的接续变化

6.2.2.2　时间窗对结果的影响

航班和列车的时间窗影响着空铁联运接续数量。时间窗越大，航班和列车的到发时间可调整的范围越大，存在实现更多接续的可能。本节假设列车时刻表允许的最大调整时间窗为（±15，±30，±45，±60 min），航班时刻表允许的最大调整时间窗为（±1，±2，±3，±4 时间片）。其他参数同基本实验。图 6-6 展示了不同时间窗对应的优化结果。随着最大调整时间窗的增大，接续时间也逐渐增大。当铁路调整时间窗为±15 min，航班调整时间窗为±1 个时间片，接续数量为 120 个，较优化前的时刻表增加了 39.53%，但被服务的航班数量没有改变。当铁路调整时间窗为±60 min，航班调整时间窗为±4 个时间片，接续数量为 169 个，较优化前的时刻表增加了 96.51%，近乎翻了一番。这说明，扩大时间窗能够有效增加空铁联运接续数量。另外，还能观察到，当航空的调整时间窗为±1 时，不管铁路的时间窗如何变化，被服务的航班数量都为 43 个，说明在本案例的运输计划结构下，空铁联运中的航班服务数量主

要依赖于航班时刻表的调整。

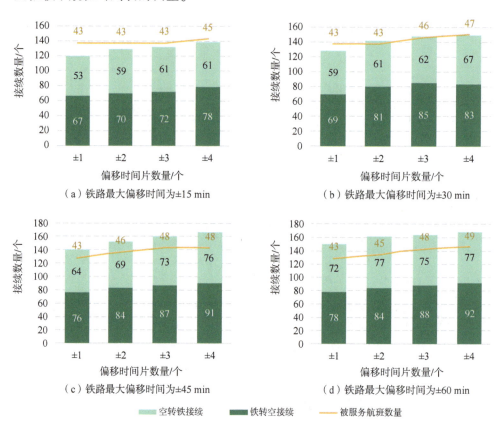

图 6-6 不同时间窗对应的优化结果

6.2.2.3 不同类型的旅客人数占比对结果的影响

商务和休闲旅客的人数占比影响着总体罚值。基于基础实验中模型 M1-1 和模型 M1-2 的结果，假设商务和休闲旅客的人数比例不同，即 $\tau^{(H-A,b)}$，$\tau^{(H-A,le)}$、$\tau^{(A-H,b)}$ 和 $\tau^{(A-H,le)}$ 发生变化；其他参数同基础实验，包括换乘罚值 $\gamma^{(H-A,b)}$，$\gamma^{(A-H,b)}$，$\gamma^{(H-A,le)}$ 和 $\gamma^{(A-H,le)}$ 保持不变，对模型 M1-3 进行灵敏度分析。不同类型旅客的人数占比对总体罚值的影响如表 6-6 所示。随着商务旅客的占比不断增加，总体罚值不断增加。因为商务旅客对时间的敏感度大于休闲旅客，随着商务旅客人数的增加，总罚值不断增大。所以，在基础案例的背景下，通过丰富空铁联运产品内容吸引更多的休闲旅客，能够有效降低出行罚值，提高服务水平。

表 6-6　不同类型旅客的人数占比对总体罚值的影响

$\tau^{(H-A,b)}$	$\tau^{(H-A,le)}$	$\tau^{(A-H,b)}$	$\tau^{(A-H,le)}$	铁转空罚值	空转铁罚值	总体罚值
0.05	0.45	0.05	0.45	245.055	111.335	356.39
0.1	0.4	0.1	0.4	270.17	222.67	492.84
0.15	0.35	0.15	0.35	292.53	334.005	626.535
0.2	0.3	0.2	0.3	314.57	445.34	759.91
0.25	0.25	0.25	0.25	334.475	556.675	891.15
0.3	0.2	0.3	0.2	354.03	668.01	1 022.04
0.35	0.15	0.35	0.15	372.935	779.345	1 152.28
0.4	0.1	0.4	0.1	391.54	890.68	1 282.22
0.45	0.05	0.45	0.05	410.145	1 002.015	1 412.16

6.2.2.4　目标函数优化顺序对结果的影响

在基础实验中，最大化接续数量 $Z^{(M1-1)}$ 的优先级比最大化航班覆盖数量 $Z^{(M1-2)}$ 高。而目标函数的优化顺序则对结果有一定的影响，因此本节将最大化航班覆盖数量的优先级提至最高，最大化接续数量降低，最小化旅客换乘罚值 $Z^{(M1-3)}$ 最低。其他参数设置同基础实验。该实验的优化结果与基础实验的结果全部相同，航班覆盖数量共计 43 个，总接续数量为 142 个，换乘罚值为 891.15。结果表明最大化接续数量也潜在地保证了航班覆盖数量。

6.2.3　考虑可达性的空铁联运列车与航班时刻表接续方案优化

6.2.3.1　基础实验

模型 M2 的基础实验的基础参数同 6.2.2.1 节（见表 6-5）。该模型涉及 120 个（5×24）铁转空 OD 和 200 个（8×25）空转铁 OD。两类 OD 的权重见附录 A。

在初始时刻表中，可达 OD 的总权重为 0.623 8；铁转空接续服务对应的总权重为 0.464 9，空转铁接续服务对应的总权重为 0.158 9。可达 OD 共计 126 个，

其中铁转空接续服务对应的可达 OD 数量为 52 个，空转铁接续服务对应的可达 OD 数量为 74 个。

优化后，可达 OD 的总权重由 0.623 8 提高至 0.731 7，提升了 17.3%。其中，铁转空接续服务对应的总权重为 0.515 2，空转铁接续服务对应的总权重为 0.216 5。总可达 OD 数量增加至 178 个，即新的时刻表多服务了 41.3%的客流 OD。铁转空接续服务对应的详细 OD 变化见图 6-7。共计增加了 12 个可达目的地。由图 6-7 可以看出，北京的可达性增加权重最大，增加了 0.033 9，优化后兰州和泉州变成了可达目的地；高碑店的可达目的地数量保持不变，仍然为 11 个；尽管定州增加的可达目的地数量最多，数量为 5，但是增加的权重小于北京，这是因为北京的客流需求量旺盛，OD 之间的权重大。同时，针对所有车站 $s \in S^{(H-A)}$ 而言，无论优化与否，哈尔滨、杭州、盐城、银川和张家口都无法可达，这是因为飞往这些地方的航班的出发时间太早，所有参与空铁联运服务的早班高铁列车即使利用了最大的时间偏移也无法与这些航班实现接续。空转铁接续服务对应的详细 OD 变化见图 6-8。共计增加了 40 个可达出发地。安阳的可达性增加权重最大，增加了 0.012 1，增加的可达出发地数量为 9；尽管石家庄仅仅增加了广州这一个可达出发地，但是因为广州至石家庄的客流需求较大，所以石家庄增加的 OD 权重不低；同时，针对所有车站 $s \in S^{(A-H)}$ 而言，优化后成都、呼和浩特、淮安、南京和通辽仍然无法可达，这是因为来自这些地方的航班到达正定机场的时间太晚，而所有参与空铁联运服务的晚班高铁无法与这些航班成功接续。

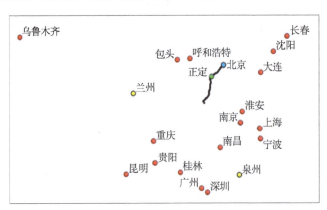

可达性增加权重：0.033 9
可达目的地增加数量：2

（a）北京的可达目的机场

图 6-7　优化前后铁转空接续对应的可达性变化

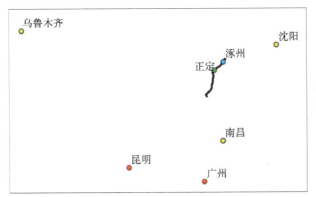

可达性增加权重：0.033 8
可达目的地增加数量：3

（b）涿州的可达目的机场

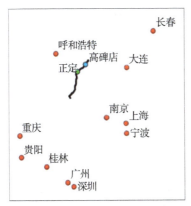

可达性增加权重：0
可达目的地增加数量：0

（c）高碑店的可达目的机场

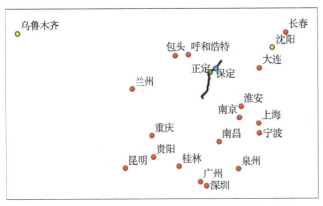

可达性增加权重：0.004 8
可达目的地增加数量：2

（d）保定的可达目的机场

图6-7　优化前后铁转空接续对应的可达性变化（续）

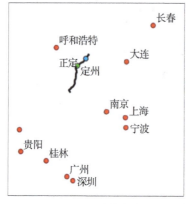

可达性增加权重：0.007 8
可达目的地增加数量：5

（e）定州的可达目的机场

🔴 原始可达目的地；　🟡 新增可达目的地；　🔵 高铁站；　🟢 空铁联运枢纽。

图 6-7　优化前后铁转空接续对应的可达性变化（续）

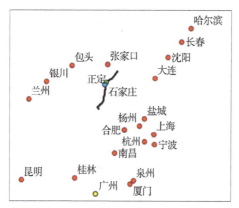

可达性增加权重：0.001 5
可达目的地增加数量：1

（a）石家庄的可达出发机场

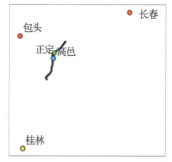

可达性增加权重：0.000 9
可达目的地增加数量：1

（b）高邑的可达出发机场

图 6-8　优化前后空转铁接续对应的可达性变化

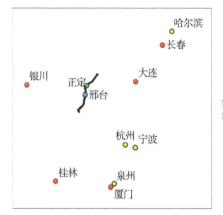

可达性增加权重：0.005 5
可达目的地增加数量：4

（c）邢台的可达出发机场

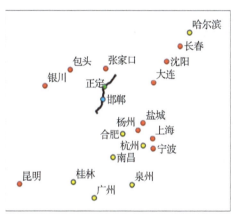

可达性增加权重：0.010 7
可达目的地增加数量：7

（d）邯郸的可达出发机场

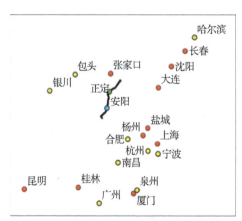

可达性增加权重：0.012 1
可达目的地增加数量：9

（e）安阳的可达出发机场

图 6-8 优化前后空转铁接续对应的可达性变化（续）

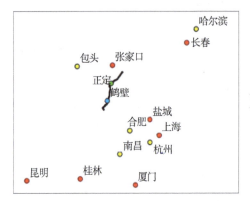

可达性增加权重：0.005 6
可达目的地增加数量：6

（f）鹤壁的可达出发机场

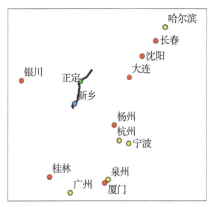

可达性增加权重：0.004 9
可达目的地增加数量：5

（g）新乡的可达出发机场

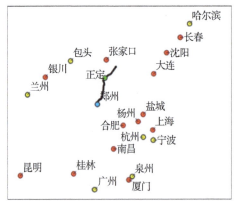

可达性增加权重：0.006 4
可达目的地增加数量：7

（h）郑州的可达出发机场

🔴 原始可达出发地；　🟡 新增可达出发地；　🔵 高铁站；　🟢 空铁联运枢纽。

图 6-8　优化前后空转铁对应的可达性变化（续）

优化后相较于初始时刻表的总偏移时间为 644 min。其中离港航班、进港航班和高铁列车的偏移时间分别为 255 min、270 min 和 119 min。每架离港和进港航班的平均偏移时间小于 15 min，即调整量小于一个时间片。值得注意的是，这些时间偏移均产自第一类航班 $F^{(\text{dep-1})}$ 和 $F^{(\text{arr-1})}$。对于高铁而言，第一类列车和第三类列车的平均偏移量为 96.5 min 和 22.5 min。图 6-9 至图 6-11 展示了具体的时间偏移量。

求解子模型 $Z^{(\text{M2-1})}$ 和 $Z^{(\text{M2-2})}$ 的时间分别为 2 657 s 和 2 975 s。

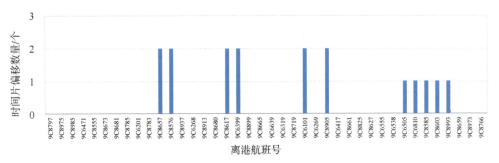

图 6-9　离港航班的时间偏移

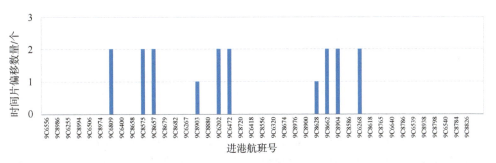

图 6-10　进港航班的时间偏移

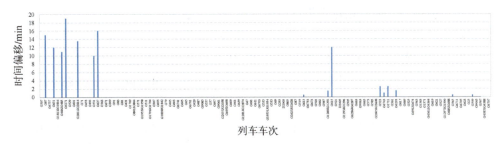

图 6-11　高铁列车的时间偏移

6.2.3.2　时间窗对结果的影响

本节考虑允许调整的最大时间窗对优化结果的影响。假设高铁列车时刻表允许的最大调整时间窗为（±15，±30，±45，±60 min），航班时刻表允许的最大调整时间窗为（±1，±2，±3，±4 时间片）。其他参数同基础实验。图 6-12 展示了不同时间窗的组合对应的可达性结果。时间窗的增加扩大了空间，也因此可达性的权重随着时间窗的增加而提高。

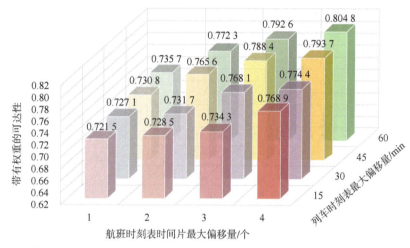

图 6-12　不同时间窗的组合对应的可达性结果

进一步地，图 6-13 计算出每种可达权重的增幅。可以观察到，时间偏移组合（±15 min，±1 时间片）相较于初始时刻表的增速最大。这是因为在原时刻表中，某些列车和航班"刚好"错过接续。也就是，较小的时刻偏移可以有效增加接续数量，从而增加可达 OD 的数量。尽管时间偏移组合（±15 min，±2 时间片）不大，但能有效增大解空间。以列车 G529 和航班 C8657 为例，列车经过保定至正定机场站，航班从正定机场飞往乌鲁木齐。在原时刻表中，该列车抵达正定机场的时间为 8:27，航班的离港时间为［9:45,10:00］，二者的接续时间为 78 min，小于最小允许的接续时间。经过优化后，该列车抵达正定机场的时间为 8:30，航班的离港时间为［10:00,10:15］，接续时间为 90 min，满足接续条件。因此，保定和乌鲁木齐这对 OD 变得可达。继续观察，可以发现时间偏移组合（±15 min，±2 时间片）、（±15 min，±3 时间片）、（±30 min，±1 时间片）、（±30 min，±2 时间片）、（±45 min，±1 时间片）和（±60 min，±1 时间片）的变化较低，这是因为组合（±15 min，±1 时间片）没有多少解空间来提高可达性。但组合（±15 min，±4 时间片）、（±30 min，±3 时间片）和（±45 min，±2 时间片）的变化较大，这是因为北京至银川、北京至盐城两个 OD 变得可达了。由于北京的客流需求远高于其他城市，这两个 OD 可以有效增加总可达权重。从结果来看，客运需求大的城市在可达性方面发挥着非常重要的作用，运营者应该关注这些城市的空铁联运产品设计，例如北京。

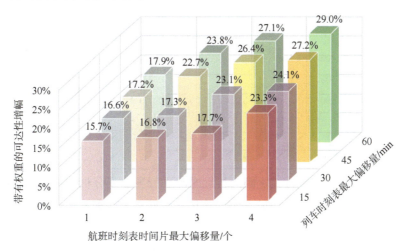

图 6-13　不同时间窗的组合对应的可达权重增幅

6.2.3.3　总偏移时间对结果的影响

列车和航班时刻表的总偏移时间也是评价优化结果的重要指标之一。为了检验模型 M2 中的第二个目标函数，最小化偏移时间，在子模型 $Z^{(\text{M2-1})}$ 中添加约束（6-1）优化求解。

$$\sum_{i \in I} (\, |\, t_{i,s}^{(\text{dep})} - G_{i,s}^{(\text{dep})} \, | + |\, t_{i,s}^{(\text{arr})} - G_{i,s}^{(\text{arr})} \, | \,)/2 + \sum_{p \in F^{(\text{dep})}} \Big| \sum_{n \in N} x_{p,n}^{(\text{dep})} n - K_p^{(\text{dep})} \Big| \mu/\lambda +$$

$$\sum_{q \in F^{(\text{arr})}} \Big| \sum_{n \in N} x_{q,n}^{(\text{arr})} n - K_q^{(\text{arr})} \Big| \mu/\lambda \leqslant \tilde{P} \tag{6-1}$$

式中：$\tilde{P}$——最大允许的总时间偏移量，其他参数同基础实验。

表 6-7 展示了不同总时间偏移量对应的结果。当 $\tilde{P}$ 为 100 min 时，可达性能够有效提升。类似于上一节的原理，较小的偏移时间能够使得一些刚好错过的接续变得成功。随着 $\tilde{P}$ 的增加，可达权重的增幅减小。尤其是当 $\tilde{P}$ 从 500 min 增加至 600 min 时，可达性仅仅增加了 0.000 5，即包头至高邑这个 OD 变得可达。这说明较小的时间调整可以有效提高原始列车和航班时刻表的

可达性。基于这一结果，运营者可以确定合适的时间偏移量以获得较好的可达性，避免对原始计划产生较大的影响。

表 6-7　不同最大允许的总时间偏移量的优化结果

允许最大的总时间偏移量/min	带有权重的可达性	可达 OD 数量/个
100	0.717 5	166
200	0.723 5	171
300	0.727 4	175
400	0.729 2	175
500	0.731 0	177
600	0.731 5	178

6.2.3.4　换乘时间对结果的影响

本节主要对两种运输方式之间的接续时间进行灵敏度分析。接续时间必须满足必要的换乘过程，所以关注最大允许的接续时间 $v'^{(H-A)}$ 和 $v'^{(A-H)}$ 对优化结果的影响。其他参数同基础实验。

表 6-8 总结了优化后的结果。在基础实验中，$v'^{(H-A)}$ 和 $v'^{(A-H)}$ 分别取值为 210 min 和 150 min，当取值为 300 min 和 240 min 时，可达性增加了 0.021 3，即提高了 2.91%。结果发现随着 $v'^{(H-A)}$ 的增加，铁转空对应的可达性变化较小，这是因为北京的可达性保持不变，从而导致总可达性没有显著变化。随着 $v'^{(A-H)}$ 的增加，空转铁对应的可达性变化更加明显。当 $v'^{(A-H)}$ 达到 240 min 时，不管 $v'^{(H-A)}$ 的值为 210 min 或为 300 min，可达 OD 数量都能达到 124 个或者 125 个。尽管增加最大允许的接续时间能够增加可达性，但是过长的换乘时间会增加总旅行时间，从而降低旅客出行的满意度。此结果有助于运营者确定在空铁联运的某个服务级别上达到何种可达性。

表 6-8　不同最大允许接续时间组合的优化结果

$v'^{(H-A)}$	$v'^{(A-H)}$	铁转空可达 OD 数量/个	空转铁可达 OD 数量/个	合计/个	铁转空可达权重	空转铁可达权重	合计
210	150	64	114	178	0.515 2	0.216 5	0.731 7
210	180	65	120	185	0.516 2	0.225 7	0.741 9
210	210	65	124	189	0.516 2	0.231 7	0.747 9

续表

v'(H-A)	v'(A-H)	铁转空可达OD数量/个	空转铁可达OD数量/个	合计/个	铁转空可达权重	空转铁可达权重	合计
210	240	65	125	190	0.516 2	0.233 5	0.749 7
240	150	66	115	181	0.517 6	0.219 4	0.737 0
240	180	66	120	186	0.517 6	0.225 7	0.743 3
240	210	66	124	190	0.517 6	0.231 7	0.749 3
240	240	66	125	191	0.517 6	0.234 2	0.751 8
270	150	66	115	181	0.517 6	0.219 4	0.737 0
270	180	66	120	186	0.517 6	0.225 7	0.743 3
270	210	67	122	189	0.518 0	0.232 1	0.750 1
270	240	66	125	191	0.517 6	0.234 2	0.751 8
300	150	67	115	182	0.518 0	0.219 4	0.737 4
300	180	67	119	186	0.519 0	0.225 5	0.744 5
300	210	69	123	192	0.519 9	0.232 2	0.752 1
300	240	67	124	191	0.519 0	0.234 0	0.753 0

6.2.3.5　停站方案对结果的影响

本节进一步讨论列车停站模式对空铁联运的影响。图 6-14 展示的是初始列车时刻表中第一类列车的停站方案。可以发现 16 列列车中,有 9 列列车服务的车站数量较少,这已经影响了可达车站的数量。比如,短途列车 G6707 仅仅为铁转空接续提供空铁联运服务,即无论其时间偏移量有多大,该列车都不能服务进港航班。所以,通过改变列车的停站方案,重新选择第一类列车。在基础实验中,共有 112 列列车,从这些列车中重新挑选 16 列列车,仅增加它们在正定机场的停站,其他停站不改变。图 6-15 展示了新的停站模式。其他参数同基础实验。

新开行方案对应的优化结果如表 6-9 所示。结果显示可达性增加了 5.03%,尤其是增加了更多的空转铁接续。因为新的列车的停站方案为正定机场以南的车站提供了更多的服务,即从石家庄站至郑州东站。邢台、鹤壁、新乡的停站数量增加了一倍左右,因此提高了空铁联运的可达性。研究结果表明,高铁列车停站模式对空铁联运可达性有很大的影响。尽管增加列车在换乘

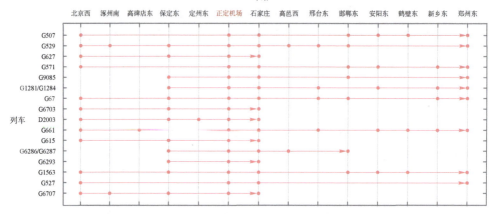

图 6-14　初始时刻表中第一类高铁列车停站方案

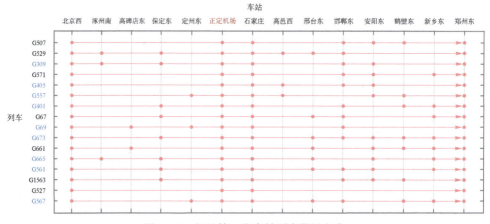

图 6-15　新的第一类高铁列车停站方案

枢纽的停靠能够增加可达性，但停靠次数会影响列车的运行时间，长时间运行的长途高铁对乘客来说是不可接受的。运营者应重视空铁联运可达性的提高和对高铁服务水平的影响。

表 6-9　新开行方案对应的优化结果

接续类型	可达权重	优化程度	可达 OD 数量/个	优化程度
铁转空接续	0.519 5	0.83%	69	7.81%
空转铁接续	0.249	15.01%	137	20.18%
合计	0.768 5	5.03%	206	15.73%

6.3　基于动车组交路计划的空铁联运接续方案优化设计

6.3.1　研究背景

第 5 章基于石家庄正定机场联合优化了列车时刻表与航班时刻表，设计出时间接续方案。本章仍然基于石家庄正定机场及其沿线高铁线路，联合优化高铁列车时刻表与动车组交路，设计时间资源与运力资源的协同方案。

本节考虑的铁路路网部分包括京广高铁中的北京至郑州区段和石太高铁。路网中包括 8 个车站，依次为北京西、保定东、正定机场、石家庄、邯郸东、安阳东、郑州东、太原南，编号分别为 1 至 8。其中，北京西、石家庄、郑州东、太原南附近具备相应的动车检修基地，因此，只有这些车站具备列车始发终到的能力。

本节需要航班时刻表作为输入，选择 40 个离港航班的时刻表作为输入。对于时刻表，选择起讫点均在铁路路网内部的列车任务作为输入，即跨越目标铁路网的长距离列车不予考虑。列车方案线的路径、停站模式、动车组接续时间范围、空铁联运接续时间等信息已知。

本章使用 MATLAB R2015b 在 8 GB 内存、Intel i5 3.0 GHz 的环境下进行编程测试实际案例。

6.3.2　案例分析

6.3.2.1　基础实验

在基础实验中，时间范围设置为 [9:00,17:00]。选择初始列车时刻表中在目标路网上运行的 44 列列车作为研究对象。其中，22 列列车经停正定机场站，将其划分为第一类列车 $I^{(1)}$；将 22 列长距离跨线列车划分为第二类

列车 $I^{(2)}$，并保持其运行时刻不变。由于第二类列车的时刻表固定不变，所以已构建的三维网络中删除相应路径以及与之有冲突的弧集。对于 22 个第一类列车运行任务，将由 5 个动车组来有选择性地担当。为了探究空铁联运接续数量与动车组之间的关系，适当改变第一类列车中 G659、G806、G872 等 9 列列车的停站方案，增加在正定机场的停站。列车运行任务的起讫点、路径、停站信息如图 6-16 所示。在基础实验中，每个列车方案线的始发时间窗设置为 20 min。5 个动车组的始发终到车站如表 6-10 所示。其他基本运营参数，包括空铁联运换乘时间、列车追踪间隔时间、动车组接续时间的设置如表 6-11 所示。在计算上界过程中，控制标量 ε 的初始值为 0.8，当上界值不再下降时，其值取 1/2。

图 6-16　基础实验的列车开行方案

表 6-10 动车组的始发终到车站

动车组	始发车站	终到车站
1	1	1
2	1	1
3	1	1
4	1	1
5	1	3

表 6-11 基础实验的基本参数

参数	参数值	参数	参数值
$v^{(\text{H-A})}$, $v'^{(\text{H-A})}$	90 min, 210 min	tr_l, tr'_l	10 min, 20 min
$v^{(\text{A-H})}$, $v'^{(\text{A-H})}$	60 min, 150 min	$w_{k,s}$, $w'_{k,s}$	2 min, 10 min
g_s	4 min	h_s	4 min

经过计算，5 个动车组共计能服务 11 个运行线，能够提供 115 个空铁联运接续服务。每个方案线可提供的接续数量如图 6-17 所示。可以发现，列车 G1558 提供的空铁联运接续数量最多，达 14 个，这是因为该列车于 15:40 到达正定机场站，与前后航班波的多数航班实现接续。列车 G1563 实现的接续最少，因为动车组 1 为了完成 4 个列车的服务，该车出发时间最早，此时到达航班较少，因此为铁转空接续，仅为 4 个。

图 6-17 不同列车方案线对应的空铁联运接续数量

结果也显示，动车组 1 服务了 G1563、G8954、G6701 和 G6706，接续时间为 12 min、20 min 和 10 min；动车组 2 服务了 G527 和 G1558，接续时间为 10 min；动车组 3 服务了 G806 和 G306，接续时间为 10 min；动车组 4 服务了 G625 和

G624，接续时间为 16 min；动车组 5 服务了 G6745。

　　计算过程迭代次数为 30 次，上下界基本呈收敛态势。上界在第三次迭代时突然呈上升状态，随后在标量 ε 以及乘子的作用下，步长不断调整，上界值开始呈现下降趋势。在第 29 次迭代中，得到上界的最低值。下界在第 4 次迭代过程中得到最高值 115，表示此时空铁联运接续数量为 115 个。

6.3.2.2　不同动车组数量对优化结果的影响

　　本节讨论不同动车组数量与空铁联运接续数量之间的关系。可使用的动车组越多，能够服务的方案线数量也越大。在其他参数与基础实验相同的条件下，通过改变可用动车组的数量，优化空铁联运接续数量。图 6-18 展示了动车组数量与空铁联运接续数量之间的关系。当仅有一个动车组时，其起讫点均为北京，该动车组一共能提供 28 个空铁联运接续。当动车组数量增加至 6 个时，其中包括两条起点为北京、终点为石家庄的动车组，一共能提供 128 个空铁联运接续。在该案例中，随着动车组数量的增加，平均每个动车组能够提供的空铁联运接续的数量呈现下降趋势，逐次为 38 个、32 个、28.3 个、24 个、23 个和 21.3 个。因为随着动车组的增加，方案线的密集程度也不断增加，为了避免时刻表的冲突，方案线的时间选择不断减少，尤其对于动车组 6，由于时间窗的设置与时刻表密度的增加，仅能服务一个方案线。

图 6-18　动车组数量与空铁联运接续数量之间的关系

6.3.2.3　换乘时间对优化结果的影响

本节讨论不同列车方案线的始发终到时间窗对空铁联运接续数量的影响。时间窗的大小决定了方案线在时间范围内的移动空间，列车在换乘枢纽的备选到发时刻选择越多，提高空铁联运接续数量的可能性越大。本节实验其他参数同基础实验设置。

图 6-19 展示了不同始发终到时间窗对应的空铁联运接续数量。可以发现，随着时间窗的增大，空铁联运接续数量也不断增加。时间窗为 5 min 时，空铁联运接续数量为 97 个，当时间窗扩大至 50 min 时，空铁联运接续数量增加至 142 个。同时可以发现，在时间窗小幅度变化时，空铁联运接续数量增幅较大，说明在该开行方案结构下，部分列车与航班波中的航班"恰好"错过接续。适当的时间调整即可有效增加空铁联运接续数量。联运运营者可以通过分析换乘时间对优化结果的影响，适当调整空铁联运接续时间，从而获得需要的空铁联运换乘服务水平。

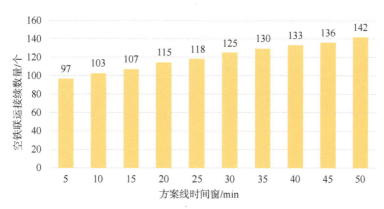

图 6-19　不同时间窗对应的优化结果

6.4　本章小结

本章以京广运输通道及相关重要衔接线路为背景，考虑实际的基础设施设备建设情况、客流需求及运营规则参数，利用第 3 章的空铁联运换乘枢纽选择模型、第 4 章的基于空铁联运的列车与航班时刻表时间接续方案优化模型和第 5 章

的列车时刻表和动车组交路协同优化模型三个数学模型，优化设计了面向实际的空铁联运产品。结果显示石家庄正定机场凭借其快速性、方便性和经济性被选择作为换乘枢纽的次数最多，因此基于正定机场优化相关路网的高铁和航空的时间资源和运力资源。第 4 章所提出的数学模型能够显著增加空铁联运的接续数量、提高路网的 OD 可达性，接续数量提高了 65.12%，可达 OD 的总权重提高了 17.3%。第 5 章所提出的数学模型能够探索空铁联运接续数量与动车组数量之间的潜在关系，对于 22 个第一类列车方案线，5 个动车组最多能够提供 115 个空铁联运接续。

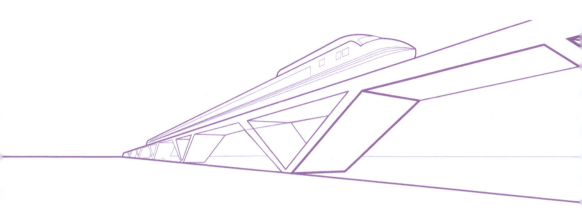

7 结 论

7.1 主要研究工作

本书结合我国空铁联运的当前运营状况和特点，通过借鉴高铁和航空的运输组织规划，对空铁联运产品设计中的接续方案展开了一系列的研究。研究内容为空铁联运在实际运输过程中的规划管理提供了定量化的决策支持和理论基础，可作为运营者设计不同区域联运产品的参考依据。主要工作包含以下几个方面。

（1）提出了空铁联运产品及接续方案的编制流程。通过空铁联运产品的内涵，结合既有运输方式的管理规划和空铁联运的特点，构建了空铁联运产品设计方法的理论体系，旨在提高航空和高铁之间的互联互通，提高衔接效率，促进联运服务提质升级。首先，明确了不同层次的空铁联运产品定义及内容，包括核心产品、延伸产品和附加产品。说明了空铁联运接续方案的定义，详细解释了接续方案的 5 个要素。其次，通过介绍空铁联运的基础设施和产品服务内容，总结了当前我国空铁联运产品的特点以及面临的挑战。再次，基于高铁运输组织过程和航空公司规划过程，科学制定精细化的以高效接续为目标的空铁联运产品编制流程，包括空铁联运需求分析与预测、路网布局规划、换乘枢纽布局规划、空间接续方案、时间接续方案、运力资源方案、市场营销、收益管理、实时调整计划以及反馈优化调整。最后，为空铁联运换乘枢纽布局、列车与航班时刻表时间接续

方案优化以及基于动车组交路的时间接续方案优化三个关键内容编制定量化的科学研究。

（2）构建了基于旅客全程出行效用的空铁联运换乘点选择模型。空铁联运换乘枢纽布局属于产品设计中的战略层面，是运输组织的基础，决定了联运产品的具体表现形式。通过宏观、中观、微观层面分析空铁联运换乘枢纽选择的影响因素，其中宏观层面包括国家地区政策和经济发展，中观层面包括路网条件、换乘接驳条件和客流分布特征，微观层面包括运输服务特性和出行者个人特性。由于空铁联运网络中客流 OD 数量巨大，因此结合 OD 共性对其进行分类。影响客流 OD 分类的因素包括城市节点属性和城市节点间的相互联系。选择机场和车站的建设情况将客流 OD 分为三类：第一类 OD 的两端节点均建设机场和高铁车站，第二类 OD 的两端节点中有一端建设机场和高铁车站，另一端仅仅建设机场或高铁车站，第三类 OD 的两端节点均仅仅建设机场或高铁车站。采用 Logit 模型构建空铁联运换乘枢纽选择模型，选择快速性、经济性和方便性作为变量，选择效用最大的节点作为换乘枢纽。最后，结合不同类型 OD 的特点，说明空铁联运服务特性的取值方法。

（3）研究了空铁联运时间接续方案优化方法。列车与航班时刻表是面向联运旅客的重要产品表现形式，这些计划决定着产品的起讫点、到发时间、换乘时间等重要因素。优化协同高铁和航空的时刻资源是在有限的基础设施设备的条件下有效提高空铁联运服务水平、满足旅客多元需求的有效方法。首先，总结分析空铁联运时间接续方案的编制特点及评价指标，包括接续数量、航班覆盖数量、旅客换乘罚值、可达性以及时刻表偏移。然后，根据联运部门客流掌握程度，提出两个模型，分别是考虑接续数量的空铁联运列车与航班时刻表接续方案优化模型 M1，和考虑可达性的空铁联运列车与航班时刻表接续方案优化模型 M2。当联运部门无法获得有效空铁联运客流数据时，可采用模型 M1 优化；若联运部门能够获得准确客流数，则可采用模型 M2 优化。分别通过小型案例描述优化问题，说明接续数量和可达性与列车航班时刻表之间的关系。再次，基于增量优化的思想，采用活动事件网络建模方法，建立两个规划模型。除了满足列车和航班的基本运行约束，模型 M1 还需满足接续约束、航班覆盖约束和旅客换乘偏好约束；模型 M2 还需满足接续约束和可达性约束。最后，基于 CPLEX 通过分层优化求解多目标规划模型。

（4）研究了考虑动车组交路计划的空铁联运时间接续方案优化。在优化面向空铁联运的列车时刻表时，以提高换乘服务水平为目标的调整可能导致动车组运营成本的增加，有必要协调时间资源与运力资源之间的潜在关系。采用网络流的建模方法，基于三维时间–空间–状态网络描述每个动车组的时空状态路径。其中，时间维度表示列车运行时刻，空间维度表示车站，状态维度表示动车组担任的运行任务内容。提出一种考虑空铁联运接续的弧权重构建方法，即进入换乘车站的运行弧的权重为接续数量。通过灵活调整动车组接续关系以及列车到发时刻，以空铁联运接续数量最大为目标建立列车时刻表与动车组交路联合优化整数规划模型，模型简洁且通俗易懂。采用拉格朗日松弛技术求解模型的上界，并设计启发式算法求解下界。

（5）基于京广运输通道及重要沿线通道进行案例分析。首先，为网络中的中长距离 OD 从多个备选节点中选择效用最高的换乘枢纽，结果表明石家庄正定机场被选择作为换乘枢纽的次数最多，这是因为正定机场在快速性、方便性和经济性占据绝对优势，优惠的价格和便捷的换乘为旅客的出行提供了保障。然后，基于石家庄正定机场，为北京至郑州高铁线路设计时间接续方案。基于第一个模型，接续数量提高了 65.12%，航班覆盖数量增加了 1 个，平均每个接续的换乘罚值下降了 22.66%。基于第二个模型，可达 OD 的总权重提升了 17.3%，可达 OD 数量提高了 41.3%。说明本书提出的空铁接续方案优化模型能够有效提高空铁联运换乘服务质量。最后，基于石家庄正定机场，为北京至郑州高铁线路及石太高铁构成的网络设计接续方案和动车组交路计划协同优化方案。5 个动车组最多能够实现 115 个空铁联运接续。

7.2 研究展望

本书提出的空铁联运接续方案设计方法能够有效提高空铁联运的服务水平。本研究虽然取得了一定的研究成果，但仍存在以下问题有待进一步深入研究。

（1）其他层面空铁联运产品的设计。本书的研究范围主要为核心产品的设计，没有考虑延伸产品和附加产品的优化。在实际出行过程中，延伸产品和附加产品直接影响空铁联运旅客的出行体验，因此需要更多操作层面的设计，比如飞机晚点情况下高铁补救方案的设计、与运输计划相结合的空铁联运行李托运协同优化、空铁联运收益管理理论与票额销售策略等内容。

（2）空铁联运客流预测。本书仅基于粗颗粒的空铁联运客流进行产品优化设计。但是，为了更加合理地将运输供给与市场需求进行匹配，减少资源浪费，

应采用更加精细化的客流作为输入。准确的联运客流时空分布和出行规律能够有助于设计出更加详细的产品，如列车的开行频率、停站方案、航班的班次规划等空间接续方案。因此，应该考虑设计出一套准确有效的全网空铁联运客流预测方法。

（3）求解算法。第5章采用拉格朗日松弛技术求解高铁动车组的时空状态路径，尽管基于网络流的模型易于理解、表达简单，但是在求解规模较大的案例时最长路计算时间较长，上下界之间的间隙需要合理优化。因此，有必要结合模型特点设计一套求解效率更高的算法。

（4）航班时刻表与机队编排的协同优化。本书仅单方面考虑了列车时刻表与动车组交路的协同优化。为了更加系统地探索航空与高铁两种运力资源对接续方案的影响，应该同时考虑航班时刻表与机队编排的协同优化。

附录 A 两类 OD 的权重

表 A-1 M2 中铁转空接续的 OD 权重

车站/机场	1(包头)	2(成都)	3(大连)	4(广州)	5(贵阳)	6(桂林)	7(哈尔滨)	8(杭州)
1(北京)	0.010 9	—	0.019 1	0.049 9	0.018 3	0.020 4	0.022 2	0.018 0
2(涿州)	0.001 0		0.001 6	0.002 8	0.000 6	0.001 2	0.002 0	0.001 6
3(高碑店)	0.000 5		0.001 2	0.004 6	0.001 3	0.001 0	0.001 4	0.001 5
4(保定)	0.001 5		0.002 2	0.005 4	0.001 6	0.001 3	0.002 7	0.004 0
5(定州)	0.000 3		0.001 2	0.002 7	0.000 5	0.000 4	0.000 9	0.000 6

车站/机场	9(合肥)	10(呼和浩特)	11(淮安)	12(昆明)	13(兰州)	14(南昌)	15(南京)	16(宁波)
1(北京)	—	0.018 1	0.004 4	0.022 9	0.018 2	0.020 9	0.027 5	0.018 7
2(涿州)		0.001 3	0.000 4	0.001 0	0.001 0	0.001 3	0.002 2	0.000 8
3(高碑店)		0.001 5	0.001 0	0.001 8	0.000 8	0.000 5	0.001 3	0.000 6
4(保定)		0.002 4	0.001 5	0.004 5	0.001 8	0.001 8	0.003 7	0.001 7
5(定州)		0.001 0	0.000 3	0.000 7	0.000 5	0.000 5	0.001 6	0.000 3

车站/机场	17(泉州)	18(厦门)	19(上海)	20(深圳)	21(沈阳)	22(通辽)	23(乌鲁木齐)	24(盐城)
1(北京)	0.015 7	—	0.047 3	0.024 0	0.020 3		0.018 3	0.016 4
2(涿州)	0.001 4		0.006 9	0.001 3	0.001 9		0.000 6	0.000 8
3(高碑店)	0.002 2		0.004 5	0.002 0	0.001 6		0.000 6	0.001 0
4(保定)	0.002 0		0.008 4	0.003 5	0.003 5		0.001 3	0.001 8
5(定州)	0.000 7		0.002 8	0.000 8	0.001 6		0.000 6	0.000 5

车站/机场	25(扬州)	26(银川)	27(张家口)	28(长春)	29(重庆)
1(北京)	—	0.011 2	0.016 0	0.021 2	0.025 2
2(涿州)		0.000 7	0.003 0	0.001 2	0.000 9
3(高碑店)		0.000 9	0.003 7	0.001 4	0.001 6
4(保定)		0.001 5	0.004 6	0.002 8	0.001 5
5(定州)		0.000 3	0.000 8	0.001 6	0.001 4

表 A-2 M2 中空转铁接续的 OD 权重

机场\车站	1(石家庄)	2(高邑)	3(邢台)	4(邯郸)	5(安阳)	6(鹤壁)	7(新乡)	8(郑州)
1(包头)	0.003 4	0.000 5	0.001 3	0.001 6	0.001 1	0.000 7	0.000 6	0.000 7
2(成都)	0.005 5	0.000 8	0.001 9	0.001 8	0.001 6	0.001 8	0.001 5	0.001 2
3(大连)	0.004 2	0.000 7	0.001 2	0.001 2	0.002 1	0.001 5	0.001 2	0.001 4
4(广州)	0.011 5	0.002 1	0.003 7	0.003 1	0.002 5	0.001 6	0.001 7	0.002 0
5(贵阳)	—	—	—	—	—	—	—	—
6(桂林)	0.004 5	0.000 9	0.001 9	0.001 3	0.000 7	0.000 9	0.001 2	0.001 1
7(哈尔滨)	0.006 0	0.001 3	0.002 6	0.001 2	0.001 6	0.000 9	0.001 4	0.001 5
8(杭州)	0.004 5	0.000 6	0.001 6	0.001 6	0.001 4	0.001 1	0.000 8	0.001 0
9(合肥)	0.004 3	0.000 4	0.000 9	0.001 1	0.001 0	0.001 0	0.000 7	0.000 6
10(呼和浩特)	0.004 5	0.000 5	0.001 1	0.001 0	0.001 2	0.001 0	0.000 8	0.000 9
11(淮安)	0.001 8	0.000 2	0.000 6	0.000 8	0.000 7	0.000 5	0.000 4	0.000 2
12(昆明)	0.005 7	0.001 1	0.002 5	0.002 2	0.003 1	0.001 9	0.001 6	0.001 2
13(兰州)	0.003 6	0.000 4	0.001 3	0.001 0	0.001 3	0.001 3	0.001 0	0.000 9
14(南昌)	0.005 2	0.001 0	0.001 6	0.001 5	0.001 0	0.001 2	0.000 8	0.000 9
15(南京)	0.006 8	0.000 9	0.002 1	0.002 3	0.001 4	0.001 2	0.001 1	0.000 6
16(宁波)	0.004 7	0.000 7	0.001 2	0.001 5	0.001 3	0.001 0	0.000 6	0.000 5
17(泉州)	0.002 2	0.000 2	0.000 7	0.000 9	0.001 0	0.000 7	0.000 4	0.000 3
18(厦门)	0.006 9	0.001 3	0.002 4	0.002 1	0.001 2	0.001 4	0.001 2	0.000 7
19(上海)	0.011 3	0.001 8	0.004 6	0.003 6	0.002 5	0.001 9	0.001 4	0.000 8
20(深圳)	—	—	—	—	—	—	—	—
21(沈阳)	0.004 8	0.000 9	0.003 0	0.002 7	0.002 2	0.002 0	0.001 0	0.000 8
22(通辽)	0.001 9	0.000 2	0.000 6	0.000 8	0.000 7	0.000 5	0.000 4	0.000 3
23(乌鲁木齐)	—	—	—	—	—	—	—	—
24(盐城)	0.003 1	0.000 3	0.000 7	0.001 0	0.000 8	0.000 7	0.000 5	0.000 3
25(扬州)	0.002 4	0.000 4	0.001 1	0.001 3	0.000 9	0.000 6	0.000 5	0.000 4
26(银川)	0.002 4	0.000 5	0.001 0	0.000 8	0.001 2	0.001 1	0.000 7	0.000 8
27(张家口)	0.004 3	0.001 6	0.002 5	0.002 2	0.002 0	0.001 2	0.000 7	0.000 6
28(长春)	0.004 8	0.000 8	0.001 4	0.001 3	0.000 9	0.000 8	0.000 8	0.001 0
29(重庆)	—	—	—	—	—	—	—	—

参 考 文 献

[1] 中共中央,国务院.国家综合立体交通网规划纲要[EB/OL]. (2021-02-24). http://www.gov.cn/zhengce/2021-02/24/content_5588654.htm.

[2] 交通运输部.综合运输服务"十四五"发展规划[EB/OL]. (2021-11-18). http://www.gov.cn/zhengce/zhengceku/2021-11/18/content_5651656.htm.

[3] 上海市人民政府.上海市综合交通发展"十四五"规划[EB/OL]. (2021-06-29). https://www.shanghai.gov.cn/nw12344/20210721/ca22dbbbafb64f719f8b9350e151d879.html.

[4] BRANDO M, PETRIK O, MOURA F, et al. Simulating the impact of the high-speed network on the performance of other transport operators: the HSR on the Lisbon-Oporto link [J]. European physical journal. 2014 (1): 12.

[5] GONZáLEZ-SAVIGNAT M. Competition in air transport [J]. Journal of transport economics and policy (JTEP), 2004, 38 (1): 77-107.

[6] ROMáN C, ESPINO R, MARTíN J C. Competition of high-speed train with air transport: The case of Madrid-Barcelona [J]. Journal of air transport management, 2007, 13 (5): 277-284.

[7] BEHRENS C, PELS E. Intermodal competition in the London-Paris passenger market: High-Speed Rail and air transport [J]. Journal of urban economics, 2012, 71 (3): 278-288.

[8] PAGLIARA F, VASSALLO J M, ROMáN C. High-speed rail versus air transportation: case study of Madrid-Barcelona, Spain [J]. Transportation research record, 2012, 2289 (1): 10-17.

[9] SOCORRO M P, VIECENS M F. The effects of airline and high speed train integration [J]. Transportation research part A: policy and practice, 2013, 49: 160-177.

[10] JIANG C, ZHANG A. Effects of high-speed rail and airline cooperation under hub airport capacity constraint [J]. Transportation research part B: methodological, 2014, 60: 33-49.

[11] ADLER N, PELS E, NASH C. High-speed rail and air transport competition: Game engineering as tool for cost-benefit analysis [J]. Transportation research part B: methodological, 2010, 44 (7): 812-833.

[12] FU X, ZHANG A, LEI Z. Will China's airline industry survive the entry of high-

speed rail?［J］. Research in transportation economics, 2012, 35（1）: 13-25.

［13］ GIVONI M, BANISTER D. Airline and railway integration［J］. Transport policy, 2006, 13（5）: 386-397.

［14］ CLEVER R, HANSEN M M. Interaction of air and high-speed rail in Japan ［J］. Transportation research record, 2008, 2043（1）: 1-12.

［15］ CLEWLOW R R L, SUSSMAN J M, BALAKRISHNAN H. Interaction of High-Speed Rail and Aviation: Exploring Air-Rail Connectivity［J］. Transportation research record, 2012, 2266（1）: 1-10.

［16］ LI X, JIANG C, WANG K, et al. Determinants of partnership levels in air-rail cooperation［J］. Journal of air transport management, 2018, 71（AUG.）: 88-96.

［17］ LI Z C, SHENG D. Forecasting passenger travel demand for air and high-speed rail integration service: a case study of Beijing-Guangzhou corridor, China［J］. Transportation research part A: policy and practice, 2016.

［18］ ROMÁN, CONCEPCIÓN, MARTÍN, et al. Integration of HSR and air transport: Understanding passengers' preferences［J］. Transportation research part E: logistics and transportation review, 2014, 71: 129-141.

［19］ CHIAMBARETTO P, BAUDELAIRE C, LAVRIL T. Measuring the willingness-to-pay of air-rail intermodal passengers［J］. Journal of air transport management, 2013, 26: 50-54.

［20］ HAAR S, THEISSING S. Forecasting passenger loads in transportation networks ［J］. Electronic notes in theoretical computer science, 2016, 327: 49-69.

［21］ JIANG Y, YU S, GUAN W, et al. Ground access behaviour of air-rail passengers: a case study of Dalian ARIS［J］. Travel behaviour and society, 2021, 24: 152-163.

［22］ 冯宁默. 空铁联运, 为城市插上腾飞的翅膀: 以石家庄机场为例分析空铁联运对机场提升与地区发展的带动［J］. 空运商务, 2013（8）: 41-46.

［23］ 樊桦, 刘昭然. 我国空铁联运发展面临的问题和建议［J］. 综合运输, 2015（4）: 48-52.

［24］ 龚露阳. 我国旅客联程联运发展关键问题及思路［J］. 交通标准化, 2014, 42（15）: 100-102.

［25］ 黄璇. 铁路与航空旅客联合运输可行性研究［D］. 上海: 同济大学, 2008.

［26］ OKUMURA M, TSUKAI M. Air-rail inter-modal network design under hub capacity constraint［J］. Journal of the Eastern Asia society for transportation studies, 2007, 7: 180-194.

［27］ ALLARD R F, MOURA F M M V. Optimizing high-speed rail and air transport intermodal passenger network design ［J］. Transportation research record, 2014, 2448（1）：11-20.

［28］ 徐凤, 朱金福, 苗建军, 等. 空铁联运网络的模型构建与算法设计 ［J］. 数学的实践与认识, 2016（19）：117-124.

［29］ 杨年, 朱金福. 枢纽容量分配下的空铁联运网络设计 ［J］. 交通信息与安全, 2012, 30（1）：134-138.

［30］ 戴福青, 庞笔照, 袁婕, 等. 基于超级网络的空铁联合交通流分布模型 ［J］. 武汉理工大学学报（交通科学与工程版）, 2017, 41（5）：770-775.

［31］ 任鹏. 铁路与民航联运模式及票务系统研究 ［D］. 上海：同济大学, 2009.

［32］ 张婧, 郭啸, 陈维亚, 等. 多模式枢纽网络中高铁与航空票价优化模型 ［J］. 系统工程学报, 2015, 30（5）：693-702.

［33］ 华夏. 基于旅客时间价值的空铁联运定价研究 ［D］. 北京：中国民航大学, 2016.

［34］ 郁敏. 长三角空铁联运托运行李处理模式分析 ［D］. 上海：同济大学, 2008.

［35］ SERAFINI P, UKOVICH W. A mathematical model for periodic scheduling problems ［J］. SIAM journal on discrete mathematics, 1989, 2（4）：550-581.

［36］ ODIJK M A. A constraint generation algorithm for the construction of periodic railway timetables ［J］. Transportation research part B：methodological, 1996, 30（6）：455-464.

［37］ LIEBCHEN C. Symmetry for periodic railway timetables ［J］. Electronic notes in theoretical computer science, 2004, 92：34-51.

［38］ LIEBCHEN C. The first optimized railway timetable in practice ［J］. Transportation science, 2008, 42（4）：420-435.

［39］ 谢美全, 聂磊. 周期性列车运行图编制模型研究 ［J］. 铁道学报, 2009, 31（4）：7-13.

［40］ ZHANG X, NIE L. Integrating capacity analysis with high-speed railway timetabling：A minimum cycle time calculation model with flexible overtaking constraints and intelligent enumeration ［J］. Transportation research part C emerging technologies, 2016, 68（6）：509-531.

［41］ PEETERS L. Cyclic railway timetable optimization ［D］. Rotlerdeam：The Netherlands TRAIL Research shool, 2003.

［42］ 郭根材, 聂磊, 佟璐, 等. 基于备选列车接续的周期性列车运行图编制模型

研究 ［J］. 铁道学报, 2016, 38 (8): 8-15.

［43］ CAPRARA A, FISCHETTI M, TOTH P. Modeling and solving the train timetabling problem ［J］. Operations research, 2002, 50 (5): 851-861.

［44］ WONG R C W, YUEN T W Y, FUNG K W, et al. Optimizing timetable synchronization for rail mass transit ［J］. Transportation science, 2008, 42 (1): 57-69.

［45］ TIAN X, NIU H. "A Bi-objective Model with Sequential Search Algorithm for Optimizing Network-wide Train Timetables." Computers & industrial engineering 2019 (127): 1259-1272.

［46］ SZPIGEL B. Optimal train scheduling on a single track railway. In: Ross M (ed) OR'72. NorthHolland, Amsterdam, 1973: 343-351.

［47］ HIGGINS A, KOZAN E, FERREIRA L. Optimal scheduling of trains on a single line track ［J］. Transportation research part B: methodological, 1996, 30 (2): 147-161.

［48］ ZHOU X, ZHONG M. Single-track train timetabling with guaranteed optimality: Branch-and-bound algorithms with enhanced lower bounds ［J］. Transportation research, part B. methodological, 2007, 41B (3): 320-341.

［49］ 路超, 周磊山, 陈然. 最大通过能力下高速铁路运行图优化研究 ［J］. 铁道科学与工程学报, 2018, 15 (11): 32-40.

［50］ BRÄNNLUND U, LINDBERG P O, NOU A, et al. Railway timetabling using Lagrangian relaxation ［J］. Transportation science, 1998, 32 (4): 358-369.

［51］ CAPRARA A, MONACI M, TOTH P, et al. A Lagrangian heuristic algorithm for a real-world train timetabling problem ［J］. Discrete applied mathematics, 2006, 154 (5): 738-753.

［52］ JIANG C, ZHANG A. Effects of high-speed rail and airline cooperation under hub airport capacity constraint ［J］. Transportation research part B: methodological, 2014, 60: 33-49.

［53］ CACCHIANI V, CAPRARA A, TOTH P. A column generation approach to train timetabling on a corridor ［J］. 4OR, 2008, 6 (2): 125-142.

［54］ 刘佩, 韩宝明, 王松涛, 等. 高速铁路高峰小时运力资源优化配置研究 ［J］. 交通运输系统工程与信息, 2017, 17 (5): 200-206.

［55］ HIGGINS A, KOZAN E, FERREIRA L. Heuristic techniques for single line train scheduling ［J］. Journal of heuristics, 1997, 3 (1): 43-62.

［56］ KAROONSOONTAWONG A, TAPTANA A. Branch-and-Bound-Based Local

Search Heuristics for Train Timetabling on Single-Track Railway Network [J]. Networks & spatial economics, 2017, 17 (1): 1-39.

[57] CASTILLO E, GALLEGO I, UREÑA J M, et al. Timetabling optimization of a mixed double-and single-tracked railway network [J]. Applied mathematical modelling, 2011, 35 (2): 859-878.

[58] 白紫熙, 邵静静, 周磊山, 等. 相同径路的高速列车运行图编制方法 [J]. 中国铁道科学, 2015, 36 (6): 135-140.

[59] 黄鉴, 彭其渊. 基于分时客运需求的客运专线列车运行图优化 [J]. 铁道科学与工程学报, 2012 (6): 66-71.

[60] CAREY M, CRAWFORD I. Scheduling trains on a network of busy complex stations [J]. Transportation research part B: methodological, 2007, 41 (2): 159-178.

[61] GOVERDE R M P, HANSEN I A. Performance indicators for railway timetables [C] //2013 IEEE International conference on intelligent rail transportation proceedings. IEEE, 2013: 301-306.

[62] GOVERDE R M P. Railway timetable stability analysis using max-plus system theory [J]. Transportation research part B: methodological, 2007, 41 (2): 179-201.

[63] GOVERDE R M P. Punctuality of railway operations and timetable stability analysis [D]. Delft: Delft University of Technology, 2005.

[64] CACCHIANI V, CAPRARA A, FISCHETTI M. A lagrangian heuristic for robustness, with an application to train timetabling [J]. Transportation science, 2012, 46 (1): 124-133.

[65] ZHOU L, TONG L C, CHEN J, et al. Joint optimization of high-speed train timetables and speed profiles: A unified modeling approach using space-time-speed grid networks [J]. Transportation research part B: methodological, 2017, 97: 157-181.

[66] YAN F, BEŠINOVIĆ N, GOVERDE R M P. Multi-objective periodic railway timetabling on dense heterogeneous railway corridors [J]. Transportation research part B: methodological, 2019, 125: 52-75.

[67] CACCHIANI V, HUISMAN D, KIDD M, et al. An overview of recovery models and algorithms for real-time railway rescheduling [J]. Transportation research part B methodological, 2014, 63 (5): 15-37.

[68] BOCCIA M, MANNINO C, VASILYEV I. The dispatching problem on multitrack

territories：Heuristic approaches based on mixed integer linear programming ［J］. Networks, 2013, 62（4）：315-326.

［69］ LOUWERSE I, HUISMAN D. Adjusting a railway timetable in case of partial or complete blockades ［J］. European journal of operational research, 2014, 235 （3）：583-593.

［70］ SAHIN I, DUENDAR S. Train re-scheduling with genetic algorithms and artificial neural networks for single-track railways ［J］. Transportation research, part C：emerging technologies, 2013.

［71］ HONG X, MENG L, D'ARIANO A, et al. Integrated optimization of capacitated train rescheduling and passenger reassignment under disruptions ［J］. Transportation research part C：emerging Technologies, 2021, 125：103025.

［72］ ETSCHMAIER M M, MATHAISEL D F X. Airline scheduling：An overview ［J］. Transportation science, 1985, 19（2）：127-138.

［73］ LOHATEPANONT M, BARNHART C. Airline schedule planning：integrated models and algorithms for schedule design and fleet assignment ［J］. Transportation science, 2004, 38.

［74］ YAN S, TANG C H, FU T C. An airline scheduling model and solution algorithms under stochastic demands ［J］. European journal of operational research, 2008, 190（1）：22-39.

［75］ JIANG H, BARNHART C. Dynamic airline scheduling ［J］. Transportation science, 2009, 43（3）：336-354.

［76］ JIANG H, BARNHART C. Robust airline schedule design in a dynamic scheduling environment ［J］. Computers & operations research, 2013, 40（3）：831-840.

［77］ 徐晨, 刘继新, 董欣放, 等. 基于航班特性的机场航班时刻优化问题研究 ［J］. 航空计算技术, 2019, 49（5）：96-101.

［78］ 胡明华, 裔田园, 任禹蒙. 基于改进匈牙利算法的机场航班时刻优化研究 ［J］. 计算机应用研究, 2019, 36（7）：5.

［79］ 汪梦蝶, 胡明华, 赵征. 基于可接受调整量水平的航班时刻优化研究 ［J］. 武汉理工大学学报：交通科学与工程版, 2019, 43（4）：6.

［80］ ERDMANN A, NOLTE A, NOLTEMEIER A, et al. Modeling and solving an airline schedule generation problem ［J］. Annals of operations research, 2001, 107（1）：117-142.

［81］ KIM D, BARNHART C. Flight schedule design for a charter airline ［J］. Computers & operations research, 2007, 34（6）：1516-1531.

［82］ WEI K, VAZE V, JACQUILLAT A. Airline timetable development and fleet assignment incorporating passenger choice ［J］. Transportation science, 2020, 54 （1）: 139-163.

［83］ AHMED M B, MANSOUR F Z, HAOUARI M. A two－level optimization approach for robust aircraft routing and retiming ［J］. Computers & industrial engineering, 2017, 112: 586-594.

［84］ AHMED M B, GHROUBI W, HAOUARI M, et al. A hybrid optimization－simulation approach for robust weekly aircraft routing and retiming ［J］. Transportation research part C: emerging technologies, 2017, Volume 84: 1-20.

［85］ CADARSO L, MARÍN Á. Robust passenger oriented timetable and fleet assignment integration in airline planning ［J］. Journal of air transport management, 2013, 26: 44-49.

［86］ CACCHIANI V, SALAZAR－GONZáLEZ J J. Heuristic approaches for flight retiming in an integrated airline scheduling problem of a regional carrier ［J］. Omega, 2020, 91: 102028.

［87］ REED T B. Reduction in the burden of waiting for public transit due to real－time schedule information: a conjoint analysis study ［C］//Pacific Rim TransTech Conference. 1995 Vehicle Navigation and Information Systems Conference Proceedings. 6th International VNIS. A Ride into the Future. IEEE, 1995: 83-89.

［88］ ABRANTES P A L, WARDMAN M R. Meta－analysis of UK values of travel time: An update ［J］. Transportation research part A: policy and practice, 2011, 45 （1）: 1-17.

［89］ JANSEN L N, PEDERSEN M B, Nielsen O A. Minimizing passenger transfer times in public transport timetables ［C］//7th Conference of the Hong Kong Society for Transportation Studies, Transportation in the information age, Hong Kong. 2002: 229-239.

［90］ SUN L, JIN J G, LEE D H, et al. Demand－driven timetable design for metro services ［J］. Transportation research part C: emerging technologies, 2014, 46: 284-299.

［91］ KANG L, WU J, SUN H, et al. A case study on the coordination of last trains for the Beijing subway network. Transportation research part B, 2015, 72 （72）: 112-127.

［92］ KANG L, ZHU X. A simulated annealing algorithm for first train transfer problem in urban railway networks ［J］. Applied mathematical modelling, 2016, 40

（1）：419-435.

[93] SHAFAHI Y, KHANI A. A practical model for transfer optimization in a transit network: model formulations and solutions [J]. Transportation research part A: policy and practice, 2010, 44 (6): 377-389.

[94] 禹丹丹, 韩宝明, 董宝田, 等. 基于换乘协同的轨道交通网列车时刻表优化模型 [J]. 中国铁道科学, 2015, 36 (4): 129-135.

[95] 李智, 张琦, 袁志明. 基于换乘最优的城市圈城际铁路运行图研究 [J]. 交通运输系统工程与信息, 2015, 15 (3): 114-119.

[96] 胡倩芸, 柏赟, 曹耘文, 等. 铁路枢纽站地铁列车运行图的衔接优化 [J]. 铁道科学与工程学报, 2016, 13 (12): 2503-2507.

[97] 袁振洲, 刘立强, 王佳冬, 等. 考虑不均匀发车间隔的高铁接运公交时刻表与车辆调度优化 [J]. 北京交通大学学报, 2021, 45 (4): 44-53.

[98] DOMSCHKE W. Schedule synchronization for public transit networks [J]. Operations research spektrum, 1989, 11 (1): 17-24.

[99] DADUNA J R, VOß S. Practical experiences in schedule synchronization [M] // Computer-Aided Transit Scheduling. Springer, Berlin, Heidelberg, 1995: 39-55.

[100] CEDER A, GOLANY B, TAL O. Creating bus timetables with maximal synchronization [J]. Transportation research part A: policy and practice, 2001, 35 (10): 913-928.

[101] 刘志刚, 申金升, 王海星. 基于协同发车的区域公交时刻表生成模型研究 [J]. 交通运输系统工程与信息, 2007, 7 (2): 109-113.

[102] IBARRA-ROJAS O J, RIOS-SOLIS Y A. Synchronization of bus timetabling [J]. Transportation research part B: methodological, 2012, 46 (5): 599-614.

[103] WU Y, YANG H, TANG J, et al. Multi-objective re-synchronizing of bus timetable: Model, complexity and solution [J]. Transportation research part C: emerging technologies, 2016, 67: 149-168.

[104] KWAN C M, CHANG C S. Timetable synchronization of mass rapid transit system using multiobjective evolutionary approach [J]. IEEE transactions on systems, man, and cybernetics, part C (applications and reviews), 2008, 38 (5): 636-648.

[105] IBARRA-ROJAS O J, MUÑOZ J C. Synchronizing different transit lines at common stops considering travel time variability along the day [J]. Transportmetrica A: transport science, 2016, 12 (8): 751-769.

[106] 姚恩建, 刘文婷, 刘莎莎, 等. 基于动态可达性的城轨末班车时刻表优化

［J］. 华南理工大学学报（自然科学版），2018，46（1）：58-65.

［107］ CHEN Y, MAO B, BAI Y, et al. Timetable synchronization of last trains for urban rail networks with maximum accessibility ［J］. Transportation research, 2019, 99（2）：110-129.

［108］ 温芳，柏赟，李宁海，等. 考虑线网可达性的城市轨道交通末班车时刻表优化［J］. 铁道科学与工程学报，2019，16（6）：1569-1576.

［109］ YANG L, DI Z, DESSOUKY M M, et al. Collaborative optimization of last-train timetables with accessibility：a space-time network design based approach ［J］. Transportation research part C：emerging technologies, 2020, 114：572-597.

［110］ ZHOU Y, WANG Y, YANG H, et al. Last train scheduling for maximizing passenger destination reachability in urban rail transit networks ［J］. Transportation research part B：methodological, 2019, 129：79-95.

［111］ KANG L, SUN H, WU J, et al. Last train station-skipping, transfer-accessible and energy-efficient scheduling in subway networks ［J］. Energy, 2020, 206：118127.

［112］ 郭根材，聂磊，佟璐. 高速铁路网周期性列车运行图接续约束生成模型 ［J］. 铁道学报，2015（8）：1-7.

［113］ CHIEN S, SCHONFELD P. Joint optimization of a rail transit line and its feeder bus system ［J］. Journal of Advanced Transportation, 1998, 32（3）：253-284.

［114］ CASTELLI L, PESENTI R, UKOVICH W. Scheduling multimodal transportation systems ［J］. European journal of operational research, 2004, 155（3）：603-615.

［115］ 朱宇婷，郭继孚，余柳，等. 考虑拥挤的轨道交通网络时刻表协调优化建模 ［J］. 交通运输系统工程与信息，2017，17（6）：171-177.

［116］ YANG X, NING B, LI X, et al. A two-objective timetable optimization model in subway systems ［J］. IEEE transactions on intelligent transportation systems, 2014, 15（5）：1913-1921.

［117］ NIU H, ZHOU X. Optimizing urban rail timetable under time-dependent demand and oversaturated conditions ［J］. Transportation research part C：emerging technologies, 2013, 36：212-230.

［118］ ABBINK E, BERG B V D, KROON L, et al. Allocation of Railway Rolling Stock for Passenger Trains ［J］. Transportation science, 2004, 38（1）：33-41.

［119］ ALFIERI A, GROOT R, KROON L, et al. Efficient circulation of railway rolling stock ［J］. Transportation science, 2006, 40（3）：378-391.

［120］ MARÓTI G. Operations research models for railway rolling stock planning

［D］. Eindhoven：Technische Universiteit Eindhoven，2006.

［121］ HONG S P，KIM K M，LEE K，et al. A pragmatic algorithm for the train-set routing：The case of Korea high-speed railway ［J］. Omega，2009，37（3）：637-645.

［122］ TSUJI Y，KURODA M，KITAGAWA Y，et al. Ant Colony Optimization approach for solving rolling stock planning for passenger trains ［C］// System Integration (SII)，2012 IEEE/SICE International Symposium on. IEEE，2012.

［123］ CACCHIANI V，CAPRARA A，TOTH P. A Lagrangian heuristic for a train-unit assignment problem ［J］. Discrete applied mathematics，2013，161（12）：1707-1718.

［124］ THORLAEIUS P，LARSEN J，LANMANNS M. An integrated rolling stock planning model for the Copenhagen suburban passenger railway ［J］. Journal of rail transport planning and management，2015，5：240-262.

［125］ LUSBY R M，HAAHR J T，LARSEN J，et al. A branch-and-price algorithm for railway rolling stock rescheduling ［J］. Transportation research part B：methodological，2017（99）：228-250.

［126］ 赵鹏，杨浩，胡安洲. 高速铁路动车组的不固定区段使用问题 ［J］. 铁道学报，1997：16-20.

［127］ 兰淑梅. 京沪高速铁路客车开行方案有关问题的研究 ［J］. 铁道运输与经济，2002，24（5）：32-34.

［128］ 赵鹏，富井规雄. 动车组运用计划及其编制算法 ［J］. 铁道学报，2003，25（3）：1-7.

［129］ 佟璐，聂磊，赵鹏. 蚁群算法在动车组运用问题中的应用 ［J］. 交通运输系统工程与信息，2009（6）：161-167.

［130］ 王莹，刘军，苗建瑞. 基于列生成算法的动车组检修计划优化 ［J］. 中国铁道科学，2010，31（2）：115-120.

［131］ 王忠凯，史天运，张惟皎，等. 动车组运用计划和检修计划一体化编制模型及算法 ［J］. 中国铁道科学，2012，33（3）：102-108.

［132］ 陈然，周磊山，乐逸祥，等. 基于专家系统的网络化动车组运用计划的编制 ［J］. 中国铁道科学，2016，37（1）：108-116.

［133］ 周宇. 高速铁路成网条件下动车组运用计划编制理论与算法研究 ［D］. 北京：北京交通大学，2017.

［134］ WANG Y，GAO Y，YU X，et al. Optimization models for high-speed train unit routing problems ［J］. Computers & industrial engineering，2019，127：

1273-1281.

[135] CADARSO L, MARÓTI G, MARÍN Á. Smooth and controlled recovery planning of disruptions in rapid transit networks [J]. IEEE transactions on intelligent transportation systems, 2015, 16 (4): 2192-2202.

[136] VEELENTURF L P, KROON L G, MARÓTI G. Passenger oriented railway disruption management by adapting timetables and rolling stock schedules [J]. Transportation research part C: emerging technologies, 2017, 80: 133-147.

[137] YUE Y, HAN J, WANG S, et al. Integrated train timetabling and rolling stock scheduling model based on time-dependent demand for urban rail transit [J]. Computer-aided civil and infrastructure engineering, 2017, 32 (10): 856-873.

[138] XU X, LI C L, XU Z. Integrated train timetabling and locomotive assignment [J]. Transportation research part B: methodological, 2018, 117: 573-593.

[139] CHEN R, ZHOU L, YUE Y, et al. The integrated optimization of robust train timetabling and electric multiple unit circulation and maintenance scheduling problem [J]. Advances in mechanical engineering, 2018, 10 (3): 1687814018768694.

[140] YIN Y, LI D, BESINOVIC N, et al. Hybrid Demand-Driven and Cyclic Timetabling Considering Rolling Stock Circulation for a Bidirectional Railway Line [J]. Computer-aided civil & infrastructure engineering, 2019, 34 (2): 164-187.

[141] LIAO Z, LI H, MIAO J, et al. Railway capacity estimation considering vehicle circulation: Integrated timetable and vehicles scheduling on hybrid time-space networks [J]. Transportation research part C: emerging technologies, 2021, 124 (5).

[142] PACHL J. Railway operation and control [M]. Railroad Signals, 2002: 260.

[143] JACQUILLAT A, ODONI A R. An Integrated Scheduling and Operations Approach to Airport Congestion Mitigation [J]. Operations research, 2017, 63 (6): 1390-1410.

[144] WEI K, VAZE V, JACQUILLAT A. Airline Timetable Development and Fleet Assignment Incorporating Passenger Choice [J]. Transportation Science, 2019.

[145] CERVERO R. Transit pricing research: a review and synthesis [J]. Transportation, 1990, 17: 117-139.

[146] SONG F, HESS S, DEKKER T. Accounting for the impact of variety-seeking: Theory and application to HSR-air intermodality in China [J]. Journal of air transport management, 2018, 69: 99-111.

[147] MAHMOUDI M, ZHOU X. Finding optimal solutions for vehicle routing problem with pickup and delivery services with time windows: A dynamic programming approach based on state-space-time network representations [J]. Transportation research part B, 2016, 89: 19-42.

[148] DALVI M Q, MARTIN K M. The measurement of accessibility: Some preliminary results [J]. Transportation, 1976, 5 (1): 17-42.

[149] CAO J, LIU X C, WANG Y, et al. Accessibility impacts of China's high-speed rail network [J]. Journal of transport geography, 2013, 28 (4): 12-21.

[150] GARCIA-MARTINEZ A, CASCAJO R, JARA-DIAZ S R, et al. Transfer penalties in multimodal public transport networks [J]. Transportation research part A: policy and practice, 2018, 114: 52-66.

[151] BELOBABA P, ODONI A, BARNHART C. The global airline industry [M]. Wiley, Chichester, 2009.

[152] 聂磊. 高速铁路运输组织 [M]. 北京: 中国铁道出版社, 2021.

[153] WOLSEY L A. Integer programming [M]. John Wiley & Sons, 2021: 195-209.

[154] CAPRARA A, MONACI M, TOTH P, et al. A Lagrangian heuristic algorithm for a real-world train timetabling problem [J]. Discrete applied mathematics, 2006, 154 (5): 738-753.

[155] 关宏志. 非集计模型 [M]. 北京: 人民交通出版社, 2004.10: 1-25.

[156] WARDMAN M. Public transport values of time [J]. Transport policy, 2004, 11 (4): 363-377.

[157] 何宇强, 毛保华, 陈团生, 等. 高速客运专线客流分担率模型及其应用研究 [J]. 铁道学报, 2006, 28 (3): 4.

[158] GUO Z, WILSON N H M. Assessment of the transfer penalty for transit trips geographic information system-based disaggregate modeling approach [J]. Transportation research record, 2004, 1872 (1): 10-18.

[159] 梁雪娇. 基于多条城市轨道交通与规划铁路枢纽站衔接的线站位研究 [J]. 铁道标准设计, 2019, 63 (10): 44-49.

[160] 赵健强. 公交整合与枢纽站规划设计要点 [J]. 城市交通, 2010, 8 (5): 18-21.

[161] 胡思涛. 基于城市轨道交通站点的换乘系统规划研究 [D]. 武汉: 华中科技大学, 2007.

[162] 任其亮, 王坤, 孙丰瑞. 组团城市换乘枢纽选址模型 [J]. 交通运输系统工程与信息, 2015, 15 (3): 25-30, 43.

［163］洪育晗 . 中小城市综合客运枢纽选址研究：以广义费用为依据的混合整数
规划模型改进为例 ［J］. 智能城市，2019，5（14）：132-135.

［164］李铁军 . 基于地铁网络和车站的客运交通换乘枢纽体系研究 ［D］. 西安：
长安大学，2016.

［165］ANDREAS KLOSE A D. Facility location models for distribution system design
［J］. European journal of operational research，2005，162（1）：4-29.

［166］WU X，NIE L，XU M. Robust fuzzy quality function deployment based on the
mean-end-chain concept：service station evaluation problem for rail catering
services ［J］. European journal of operational research，2017，263（3）：
974-995.

［167］MAYER G，WAGNER B. HubLocator：an exact solution method for the multiple
allocation hub location problem ［J］. Computers & operations research，2002，
29（6）：715-739.